李若兰——著

德国法中的
社会国原则研究

THE PRINCIPLE
OF SOCIAL
STATE IN
GERMAN LAW

知识产权出版社
全国百佳图书出版单位
北京

图书在版编目（CIP）数据

德国法中的社会国原则研究/李若兰著. --北京：知识产权出版社，2019.12
ISBN 978-7-5130-6646-4

Ⅰ.①德… Ⅱ.①李… Ⅲ.①宪法—研究—德国 Ⅳ.①D951.61

中国版本图书馆 CIP 数据核字（2019）第 283296 号

责任编辑：薛迎春　　　　　　　　　　责任校对：潘凤越
责任印制：刘译文

德国法中的社会国原则研究

李若兰　著

出版发行：	知识产权出版社有限责任公司	网　址：	http://www.ipph.cn
社　　址：	北京市海淀区气象路 50 号院	邮　编：	100081
责编电话：	010-82000860 转 8724	责编邮箱：	471451342@qq.com
发行电话：	010-82000860 转 8101/8102	发行传真：	010-82000893/82005070/82000270
印　　刷：	三河市国英印务有限公司	经　销：	各大网上书店、新华书店及相关专业书店
开　　本：	710mm×1000mm　1/16	印　张：	10
版　　次：	2019 年 12 月第 1 版	印　次：	2019 年 12 月第 1 次印刷
字　　数：	180 千字	定　价：	58.00 元
ISBN 978-7-5130-6646-4			

出版权专有　侵权必究
如有印装质量问题，本社负责调换。

目　录

导论　中国社会法治建设的理念和制度选择·001
　　0.1　中国社会法治建设的时代难题/001
　　0.2　中德社会法治建设的可借鉴性/002
　　0.3　社会国原则的概念论/007

第1章　社会国原则的理念和制度渊源·013
　　1.1　早期社会国形成的历史背景/013
　　　　1.1.1　德意志民族社会安全理念/013
　　　　1.1.2　帝国社会问题和工人运动/015
　　　　1.1.3　日耳曼法与法团主义精神/018
　　　　1.1.4　社会国原则中的国家主义/022
　　　　1.1.5　德意志知识分子的推进/025
　　1.2　社会国思想的演进/027
　　　　1.2.1　劳伦茨·施坦因的"社会君主国"/027
　　　　1.2.2　黑勒与"社会法治国"/030
　　1.3　社会保险法和社会国原则/032
　　1.4　《魏玛宪法》与社会基本权/034
　　小　结/035

第2章　社会国原则的法理分析·038
　　2.1　社会国原则的雏形/038
　　　　2.1.1　从自由法治国到社会法治国/038
　　　　2.1.2　《基本法》中的社会国原则/041

2.1.3　州法中的社会国原则/043
2.2　社会国原则的规范效力/043
　　2.2.1　作为描述概念和规范概念的社会国原则/043
　　2.2.2　国家管控和社会自治视角下的社会国原则/044
2.3　宪法层面的社会国原则/045
　　2.3.1　社会联邦国/046
　　2.3.2　社会民主国/048
　　2.3.3　社会法治国/050
2.4　社会国原则的内涵/051
　　2.4.1　"人性尊严"作为价值基石/051
　　2.4.2　社会国原则与社会平等/055
　　2.4.3　社会安全和社会补偿/056
　　2.4.4　促进财富增长和提高分享水平/058
小　结/060

第3章　社会国原则在基本权理论中的争论·063

3.1　社会法治国获得德国法承认/063
　　3.1.1　伊普森教授谈社会国原则与社会经济问题/063
　　3.1.2　阿本德罗夫教授的"社会民主国"/066
　　3.1.3　恩斯特·福斯特霍夫教授的观点/068
　　3.1.4　福斯特霍夫教授的批评者/071
　　3.1.5　萧勒教授的观点/074
3.2　传统基本权利体系/077
　　3.2.1　耶利内克的基本权地位理论/077
　　3.2.2　主观权利和客观价值秩序/079
3.3　社会国原则下的社会基本权/081
　　3.3.1　哈贝勒教授的观点/081
　　3.3.2　沃尔夫冈·马腾斯教授的观点/084
　　3.3.3　原始给付请求权和衍生给付请求权/086
小　结/087

第 4 章　社会国原则的制度实践·088

4.1　立法形塑下的社会国原则/088
  4.1.1　社会政策变迁和国家任务的转型/088
  4.1.2　作为宪法委托的社会国原则/090

4.2　德国《社会法典》层面上的社会国原则/091
  4.2.1　《社会法典》结构与社会国原则/091
  4.2.2　社会保险制度与社会连带/093
  4.2.3　社会补偿法与社会团结/094
  4.2.4　社会救济和社会促进制度/096

4.3　社会法院的建立以及社会行政程序法/098
  4.3.1　德国司法体制/098
  4.3.2　设置社会法院专业法庭/099
  4.3.3　社会法院司法实践中的社会国原则/100

4.4　其他社会立法与社会国原则/103
  4.4.1　《共决权法》与社会国原则/103
  4.4.2　就业促进法与社会国原则/105

小　结/106

第 5 章　联邦宪法法院司法实践中的社会国原则·108

5.1　作为直接请求权的社会国原则/108

5.2　社会国原则对基本权利体系的冲击/110
  5.2.1　财产权的社会义务/110
  5.2.2　社会国原则对财产权的限制/112

5.3　主观权利视野下的社会国原则/116
  5.3.1　免予课税的最低标准/116
  5.3.2　尼古拉斯案与最低医疗保障标准/117
  5.3.3　"哈茨 IV"法案与最低生存保障标准/118

5.4　难民危机对德国社会国原则的冲击/122

小　结/124

第6章 社会国原则的中国启示·126

  6.1 我国建设民生国家的思想渊源/126

    6.1.1 中国古代民本思想/127

    6.1.2 孙中山民生主义思想/128

    6.1.3 执政党对民生话语的继承和发展/129

  6.2 完善我国社会保障制度的紧迫性/131

    6.2.1 中国经济新常态下的内在刺激/132

    6.2.2 建立更加公平正义社会秩序的必然要求/133

    6.2.3 现有社会保障制度中的问题/134

  6.3 完善社会主义制度下的社会立法/136

    6.3.1 社会立法应平衡法治话语和政治话语/136

    6.3.2 完善中国社会立法制度/137

    6.3.3 守住社会权"可诉化"的底线/140

  小　结/142

结　语·144

参考文献·147

导论 中国社会法治建设的理念和制度选择

0.1 中国社会法治建设的时代难题

改革开放四十余年来，我国政治、经济、社会等各方面取得了巨大的成就，综合国力已经跃居世界前列，国际影响力大大提升。2018年度我国国内生产总值突破90万亿元，居世界第二。四十年高速发展过程中，我国由粗放型发展模式逐步向可持续发展模式转变，但在生态环境保护、民生和社会建设等方面存在不少"欠账"。党的十九大报告作出了我国社会主要矛盾已经发生转化的重要论断。我国当前社会主要矛盾转化为人民日益增长的美好生活需要与不平衡不充分发展之间的矛盾。这种不平衡不充分的发展体现在诸多方面，包括城乡发展差距、区域发展差距、公民权利实现程度的差异等。这些矛盾交织给正处于现代化转型中的国家带来较大的治理风险。当前世情、国情、党情发生深刻变化，我国外部面临逆全球化趋势和贸易保护主义的威胁，部分国家对我国奉行遏制政策，国内经济发展由高速度发展转向高质量发展，国家治理和社会治理风险增大。国家在应对各种不确定性时更需要补齐治理的短板，夯实社会安全网，完善社会法治，增强国家和社会的凝聚力和向心力。

我国两千多年的传统社会历来重视民生，源远流长的民本主义、民生主义等思想都蕴含了扶助贫弱，弘扬公平正义的元素。中华人民共和国成立以来，执政党加强民生工程建设，筑牢社会稳定防线，为国家的快速发展划定了安全红线。脱贫攻坚工程就是具体的民生工程。在"做大蛋糕"时也要注重"分好蛋糕"，完善贫困人口的社会保障系统，促进更多公民参与社会财富分享。贫穷不是社会主义，共同富裕才是社会主义国家的本质。当前我国具备了较为雄厚的财政自主能力，能折冲保护主义阴影下的贸易摩擦对国内经济的影响，满足人民群众对公平正义的社会秩序的期望。在我国主要矛盾发生变化的新时代，满足人民日益增长的物质文化需要，回应人民群众对公平正义的诉求，建立健全社会法治体系恰当其时。

现代法治国家普遍承认公民享有的社会权利。我国《宪法》明确规定公民享有的基本权利包含社会经济文化权利。转型期的民生保障不仅事关公民权利的落实，也与一国的国家目标息息相关。我国是社会主义国家，建立完善的社会保障体系是应有的建设目标之一。建立何种意义上的保障模式是一国道路选择的问题。文明无好坏，制度有优劣。西方主要国家已经走过了大半个世纪的福利发展之路，累积起各种制度形态的理论和实践，我们可以从中学习并借鉴经验教训。由于历史传统、意识形态、政治经济现状和价值观的差异，哪一国的模式是最正确的解决方案并不能一概而论，指望外国方案解决中国一切问题是不可能的。在发展过程中，一些西方国家也陷入了福利病和经济衰退的泥潭中。作为追赶型国家，我国将利用制度的后发优势，避免陷入发达国家的"福利陷阱"，审慎地走我们自己的路，选择自己的发展模式，增强国家能力和制度竞争力。

0.2　中德社会法治建设的可借鉴性

当下学者对社会保障问题多有研究。丹麦学者考斯塔·艾斯平·安德森使用"福利体制"和"福利模式"这两个概念，将西方主要国家的福利模式分为三种类型。三种类型分别是自由主义福利体制的英美模式，以德国为代表的保守主义福利模式和斯堪的纳维亚半岛的社会民主主义福利模式。[1] 以上三种模式基本囊括了当今世界主要福利国家类型，其他后发国家都在此基础上有选择地模仿和借鉴。这三种主流的模式都植根于本国政治历史传统、经济发展模式和公平正义观，具有独立特征。最初，各国福利模式都激发出极强的制度活力，保障一定时期内国家稳定的政治经济秩序，对缓解劳资矛盾起到了一定作用。

自由主义福利模式以英国、美国两国为代表，这一模式奠基于个人主义、自由至上以及英美经验主义的价值基础之上。英美两国的经济模式是典型的盎格鲁-撒克逊模式，资本主义发展早期阶段的经济生产方式以古典经济学自由原则为根基。这种经济思想在社会保障制度上的表现就是较少的社

---

[1]　[丹麦] 考斯塔·艾斯平·安德森：《福利资本主义的三个世界》，苗正民、腾玉英等译，商务印书馆2010年版，第23页。

给付，更多借助商业救济。国家保障和给付的对象仅限于极小规模的收入水平最低的工薪阶层。相应地，这些国家的法律制度中公民所主张的社会权利受到很大限制，很难获得法律上的承认和支持。

北欧国家如丹麦和瑞典是典型的世界范围内高福利水平的国家，其所代表的社会民主主义模式承认现代国家下公民所享有的福利权利。北欧模式也被认为是福利国家中的"福利橱窗"[1]。"从摇篮到坟墓"很好地概括了公民在其一生中享受的福利水平之高和范围之广。在这一模式下，只要具有该国公民资格的人都能得到国家福利给付。国家的福利给付并不限于满足低收入人群的生存需求，而是以占多数的中产阶级的物质和精神生活为给付标准。国家给付向占多数的中产阶级倾斜，以满足公民较高层次的生活水准。长期维持社会给付的普遍性和高标准需要以国家雄厚的财政实力作支撑。由于独有的地理位置和人口国情，北欧国家能保持较大的经济规模和较高经济发展水平。在这些国家中，社会权利有着深厚的政治经济基础，公民享有福利权的观点已经根深蒂固。公民普遍享有社会福利，社会各阶层都能在统一的福利系统中找到自己对应的给付标准，这种方式极大地体现了公平正义价值。但自20世纪90年代开始，福利国家瑞典也遭遇了前所未有的经济挑战，高失业率和通货膨胀随之而来。危机导致社会民主党下台和自由主义政党上台执政，高标准的社会福利制度成为瑞典经济发展的掣肘。高福利也会使人滋生懒惰情绪，社会缺乏有效激励机制。北欧国家希望调整新的社会政策来刺激社会活力，缓解政府的财政负担，力图达到福利供给与社会有效竞争的平衡。

以德国为代表的欧陆模式不同于自由价值至上的英美国家。由于历史传统，欧洲大陆价值观并不偏好单一价值，革命和工人运动给社会打上平等的烙印。欧洲糅合了自由和平等价值，在强调自由的基础上增加了对秩序和公平正义的考量。在欧陆模式中，国家的社会给付不是无条件的，公民社会权利的获得与其进入就业市场的年限和资历密切相关。国家针对个人的社会给付更多的是以公民的先前给付为条件，也就是公民先付劳动。仅基于公民资格获得广泛而全面的社会给付在欧陆国家并不存在。这种做法坚持了自由价值，同时也在很大程度上平衡了社会活力与公民救助间的矛盾。经过长期制度实践和学术理论的发展，公民的最低限度生存权一般能得到这些国家法律的支持，公民的社会权利也得到一定限度的承认和扩展。

---

[1] 郑秉文：《福利模式比较研究与福利改革实证分析——政治经济学的角度》，载《学术界》2005年第3期。

"二战"后，英国通过"贝弗里奇"计划成为首个社会保障国家，并制定了《国民保险法》《国民卫生保健服务法》《家庭津贴法》《国民救济法》等一系列法律，建立起覆盖多数人的福利网，开启英美社会福利模式的进程。至今英国仍被视为老牌福利国家。1936年，美国实行《社会安全法案》(Social Security Act)，从20世纪30年代开始逐步建立起社会保障制度，经过70多年的努力建立了美国式的福利国家。英国自20世纪70年代开始深陷福利国家的危机，这主要由于国家经济发展水平与沉重的社会支付不相适应。英国陷入了通货膨胀，失业率攀升，国家公共支出濒临失控，经济危机直接导致了以撒切尔夫人为首的保守党上台，并进行一系列的经济社会改革，大幅度削减社会福利支出。由社会福利编织起来的安全网保护了低收入阶层，但是挫伤了大多数公民工作的积极性，一定程度上限制了社会活力，经济发展也停滞不前。针对福利病带来的问题，英国也通过财政计划减轻社会保障压力。而美国社会保障制度采取了市场主义模式，由商业组织担负起社会保障的主要职责，政府对公民承担较低的救助，起到补缺作用。但这种制度无法进行总体的社会调节和社会再分配，可能导致较大的贫富差距。美国社会贫富悬殊也长期被诟病，2011年"占领华尔街"运动就是这一问题的直接体现。社会福利对英美两国的社会稳定和经济发展有着巨大促进作用，但其也必须解决福利膨胀带来的问题。

作为欧洲大国，德国"二战"后在经济上迅速崛起，德国的壮大和发展使其从政治影响力、经济实力、稳定社会秩序和责任承担上成为欧洲事实上的"领头羊"。长期以来，德国的社会保障制度及其价值观是欧陆秩序和价值的重要范例。德意志民族的历史发展进程中蕴含着团体主义的基因，发轫于斯的工人运动又使得自由价值融合了平等的精神。这与英美强调个人主义和自由至上传统不同。德国价值观中对于公平正义和社会团结的考量调和了自由主义的色彩。从经济上看，德国的莱茵模式否定充满对抗和风险的经济结构和生产效率，其追求的经济民主思想能最大限度包容社会中的对立阶级，缓解劳资矛盾和冲突。虽然也经历经济起伏和政策变化，但德国是目前主要发达国家中唯一平衡社会经济发展与社会福利的国家。虽然2015年欧洲难民危机对德国社会产生深远影响，德国财政负担加重，但总体而言，德国既能维持社会保障制度正常运转，亦能激发经济活力和社会竞争力。到目前为止，德国经济总体运转良好且未受社会福利制度的拖累，人类发展指数位居世界前列。在欧盟其他国家经济发展普遍乏力的情况下，德国经济仍表现亮眼，始终保持稳定增长，经济总量位居欧盟第一位。总体来看，德国社会保障制度发挥了保障政治和经济制度稳定运行的功能，是西方国家中实施得较为成功的制度。

冷战结束后，世界范围内社会主义国家逐渐衰退，中国扛起了社会主义的大旗。中国是以工农联盟为基础的社会主义国家，社会主义制度的重要价值目标之一是平等和公平。自改革开放以来，中国经济发展迅速，经济体量跃居世界前列，已成为仅次于美国的经济大国。国民人均收入有了长足增长。与此同时，作为阶级基础的工农阶层的参与感和获得感还需进一步增强，农民和数量庞大的进城务工人员在社会保障系统中处于弱势地位。改革再出发，建立更为公平正义的社会秩序成为中国社会政策和法律制度的目标之一。社会保障制度是建立公正社会秩序的突破口，是改革的题眼。对平等和整体秩序价值的推崇使得德国与中国发展道路具有一定程度的"亲缘性"，德国19世纪的国家主义传统和中国以国家为中心的建设思路有相似性。

因此，本书选取德国作为考察对象，以期借助德国的样本来关照中国社会现实。德国是目前西方主要国家中社会竞争和社会福利平衡得最好的国家，这与其法治化水平较高密不可分。但是，政治话语在转换为法治话语的过程中需要掌握好分寸和平衡，对某种学说的借鉴和移植不应该忽视本国具体情况，否则容易造成智识的混乱和决策的失误。

德国法治国传统源远流长，"二战"前其国家和社会生活就已达到高度法制化的水平。"二战"后德国基本法确立的主要宪法原则是国家基本价值主轴，其形塑着德国法治发展的走向。基本法上的社会国原则是德国社会保障制度的宪法规范基础，是社会政策的法治化表达。在德国语境下，社会国原则试图解决公民的社会保障议题，在英美语境中对应的是公民福利，在中国则是民生问题。转型期中国面临显性或隐性的社会问题和社会矛盾，与公民密切相关的就业、教育、养老、住房和医疗等民生制度成为社会兜底制度。但现实层面上的结构性失业、教育医疗资源分配的不均衡、社会保险体制的不协调等都成为中国社会秩序的不可承受之重。民生问题的解决保证了国家和社会最低限度的安全秩序，也是公民人权的重要内容。实践社会国原则和社会权是重建公平正义的社会秩序的突破口，而这一问题的解决不仅仅需要社会政策的调整，更需要在法理层面澄清概念和谬误。社会国原则的提出也有着时代背景，面对形式法治日渐乏力的现实，社会国原则为实质法治发展提供了一种新的可能。借鉴德国社会法治国理论既能为法治注入核心价值，为社会主义法治国家发展指明方向，也能通过构建社会保障制度达到弥和社会各阶层鸿沟的目的。

在德国法的学术脉络中，关于社会国原则与法治国原则的关系曾经出现争论，但现今社会国原则成为普遍接受的准则。"二战"后的社会国原则极大地丰富了德国基本权利体系。在这一原则的指引下，德国开展了社会安全法制建设，在学理和司法实践上也累积了大量学说和判例。德国司法实践如何认定社会国原则以及与社会国密切相关的社会基本权也成为重要理论命题。探讨和引入德国的社会国理论可以更进一步丰富法治理论和实践，社会权视角更凸显法治的实践品格。

在法治国家的进程中，德国在法治国中融入了社会国理念，发展出了独特的社会法治国形态，为法治形态增加了新的维度和可能。"社会法治国家"是实质法治发展到一定阶段的具体形态。"二战"后，德国逐步制定出了完整的社会法典，有效地维护社会安全和社会秩序，为德国社会秩序形成起到了稳压器的作用。可以说，没有"社会"的法治不是正义的法治，缺失了"社会"的法治无法应对后工业化时代的现实挑战。

近年来，借助社会立法的研究热潮，很多学者从宪法、社会法的角度对社会国原则作了相关解释和论述。作为德国基本法原则，社会国原则转化为法治话语历经曲折。法律学者从宪法、社会政策、社会安全法等视角论述了德国社会国理论，但相应研究没有充分厘清社会国原则的来源脉络，存在对社会国原则的误读。长期以来社会国原则被理解为抽象的理念，并不具有制度内涵。除此之外，社会国也被认为不具有法教义学内涵，这导致其在学理上无法进一步展开。关于社会国的理解需要得到进一步厘清。而社会国原则对基本权利体系的作用和影响更是成为研究的薄弱环节。什么是对社会国原则的正确认识仍有待研究。

本文希望对社会国原则正本清源，厘清现存的理论谬误，并还原德国社会国原则的真实图景。当下中国社会法已经成为社会主义法律体系的重要组成部分，社会法研究的基础理论却始终阙如。寻找社会法的宪法规范依据将是构建完整的社会法理论的重要步骤。德国社会国原则的理论、立法和司法实践将为中国社会法建设提供理论和实践坐标。

学者们在引入社会国原则的时候，更多的是着重探讨社会国原则的原理，而对与中国具体实践相结合的制度反思较少，采取全盘接纳态度。尤其没有认识到转型期中国在进行制度移植时不仅需要解决共时性问题，还要解决历时性问题。笔者认为，在引入社会国原则时还应考量本土因素，政治话语转化为法治话语需要以具体政治经济条件作为基础。学者们在引入这一概念时应作审慎思考。

0.3 社会国原则的概念论

本书的研究对象是德国法中的社会国原则。社会国可以被理解为一种国家形态，一种制度理念，世界许多国家和地区的制度都闪现着社会国精神。本书试图探寻社会国原则产生的具体历史背景，通过一种历史解释的方式来探寻社会国理念产生的根源。围绕社会国原则的理念渊源、法理基础、学说论争、立法和司法实践展开研究，尤其针对基本法上的社会国原则内容、其在基本权利视野中的学说争论以及具体立法制度，以此澄清对社会国原则的误解。德国联邦宪法法院通过在具体的宪法案例中运用社会国原则，挖掘出社会国原则的法教义学内涵。为了使研究主题更为清晰，在此，对本书涉及的主要概念进行界定与交代。

（一）社会国原则

"社会国"（Sozial Staat）概念多用于大陆法系，日本学者在学习借鉴德国法律时也沿用了这一词汇。在拉丁语中，"societas"表示许多人共同行动或共同生活，其形容词形式是"socialis"。[1] 德语中"Gesellschaft"一词是"社会"的意思，形容词"sozial"表示与集体利益相关的事务。德语中的"sozial"一词实际上指某种好的、优良的、正义的价值判断，即能区分好与坏，对和错。其中，"好的""正确的"社会是"sozial"的社会。在德国语境中，对社会团结和公共福利起到正面作用的人和事被认为是"sozial"的，反之则是"asozial"，意思是"不合群的，不与人来往"或"对社会有害"。这说明"社会"一词具有价值倾向，与此相对应的德国法中的社会国原则既是法律规范，也是价值规范。在我国的话语体系中，"社会"一词出现在近代，是由日语中翻译引进的。在近代文献译介过程中，严复将"society"一词翻译为"群"，日本人则译为"社会"，因双音节词又比单音节词更适合于口语，故而"社会"一词取代更为准确的"群"，牢牢地扎根于汉语并沿用至今。1936年《汉语词典》对社会一词的解释是："各个人之集合体，其组合之分子具有一定关系者。"这表明在我国文化语境中，"社会"一词也关涉集体、人群的事。执政党在表述执政目标时，将政治、经济、社会、文化等并列。我国《宪法》序言中提到"推动物质文明、政治文明、精神文明、社

---

[1] 察赫著：《福利社会的欧洲设计》，刘冬梅、杨一帆译，北京大学出版社2014年版，第97页。

会文明、生态文明协调发展",将"社会"与其他目标相并列。但自新中国成立以来,我国社会建设重点包括两方面:提高保障和改善民生水平,加强和创新社会治理。"社会"一词在我国发展过程中更注重制度实践,缺乏价值维度。中德两国对"社会"一词的理解既有相同之处,也有不同之处。

对德国社会国原则的界定需要把握几个相似的术语。社会国原则作为宪法原则在学术讨论中常与其他价值目标联系在一起,如联邦国、民主国和法治国等。

"社会法治国""民生福利国"和"社会主义国家"是与之相关的表述。在德国法中,由社会国与法治国融聚而成的"社会法治国"(Sozialer Rechtstaat)概念常与"社会国"相混淆。自由法治国状态下,法律遵循个人自由和国家不干预政策,但这种社会政策在应对社会重大变革时无力解决现实问题,公民的基本权利由于国家和社会的严格区分而得不到强有力的保护。社会现实的变迁要求国家必须积极地介入社会生活,承担更多的职能与任务。国家任务发生变化,自由法治国也逐渐演化为社会法治国。作为稳定的法治国家,社会国原则的确立和形塑都必须在法治框架下进行。

(二)"社会国"与"社会主义国家"

社会国和社会主义国家需要重点区分。两者具有截然不同的内涵,代表着中西不同的社会制度和理念。两者分别对应社会国理念和社会主义的意识形态。"社会国"建立在西方个人主义和自由主义基础之上,在这种价值形态下,国家保障公民享有基本自由权,通过法治手段减少社会不平等的现象。社会主义国家则奠基于阶级斗争、劳动剥削论、唯物主义和辩证法以及无产阶级革命理论上,其目标是消除不平等的根源,通过革命达到共产主义状态。[1] 在社会主义国家,"社会"本身具有内在价值,法秩序是社会基础结构的从属秩序之一,法秩序存在的价值是服务于良好社会。在这个层面上,法仅具有实用性价值而无自身独立性,但这种实用性价值会随着统治力量的改变而发生或好或坏的影响。在社会国里,个人自由是国家和社会的基础价值,国家的干预是为了保证个人自由得到实现,而不是为了实现"整体国家"的利益。可以说,社会国是资本主义发展到一定阶段社会改良的产物,而社会主义是无产阶级革命后确立的国家目标。社会主义能发挥国家的强大优势,而社会国是奠基在自由法治国家基础上。两者有着截然不同的政

---

[1] 龙晟:《社会国的宪法意义》,载《环球法律评论》2010年第3期。

治基础。

(三) 法治国

德国《基本法》第 20 条确认德国是法治国家（Rechtsstaat）。在西方法治主义传统中，德国所代表的法治国传统不同于英美法系的法治主义（The Rule of Law）路径。在德国法中，法治国的内涵已经形成高度共识，其包含了完备的形式法治，公权力的行使要受到法律限制，公民权利要得到保障等。

"二战"后，在全球范围内再次掀起了关于法律与道德关系的论战。德国法治国家同样面临形式法治的挑战。法治国（Rechtsstaat）原则是德国的特色，是国家目的。德国在理论和实践上自觉区分了政体和国家目的两个范畴。君主制、贵族制、民主制是政体形式。国家目的可以与任何一种政体原则结合。"法治国"在不同时代与不同政体原则结合时，会产生不同的社会效果。社会国由此被写入了德国《基本法》，成为形塑法治国家的重要价值目标。晚近的社会国原则与法治国原则之间的关系成为学界的新命题。法治国原则的内核之一是依宪而治，保持法律的稳定性，而社会国原则具有变动宪法结构的特征，其潜存破坏德国权力制衡的风险。这两项宪法原则能否在基本法中融合将成为学者讨论的重点话题。

(四) 社会法

习近平总书记在中央全面深化改革领导小组第十次会议上强调，让人民群众有更多获得感。建立完善的社会法能有效弥合社会裂痕，促进社会衡平，在法理层面推动分配制度改革，推动实质平等和正义的实现。这要求社会法回应极速变化的社会现实，建立更加公平正义的社会秩序。加强社会立法不仅有利于完善法律体系，推进法治国家的跨越式发展，提高法治发展水平，同时也是国家治理现代化的题中应有之义。加强社会法制建设和研究是适应我国当下经济新常态、直面社会步入"中等收入国家陷阱"的危险、建立更加公平正义社会秩序的迫切要求。

国内社会法的研究仍处于探索阶段，学者对社会法的性质、法理基础、所保障的法律关系、范围等基础问题仍然没有形成统一看法。本书以德国社会法制为样本，主要指德国社会法典，具体包括社会保险法、社会救助法和社会促进法。尤其需要指出的是德国劳动法并不属于社会法的范畴。德国社会法典有完备的体系和分类标准，法典各编解决具体社会问题，是德国社会安全网的重要法律保障。

本书通过考察德国社会国原则在法治国家框架下的理论起源，立法制度以及司法实践，描绘出社会国原则的图景，以此为中国社会安全法制建设提供一个参照系。本书的研究属于规范性研究。而就研究对象的具体性质来说，主要采用了实证分析的方法，据此又就不同的问题选择了具体形态的方法。这些方法包括以下几种：

1. 文献分析方法。阅读和分析文献是获取信息的重要途径。笔者对德国法中的社会国原则进行考察分析，以此描摹德国社会安全法制的现状；整理德国社会法典的目的、结构和制度构成，以此对比中国社会法现状，并分析和厘定其中存在的各种问题。理解德国法中社会国原则理论和司法实践需要借助相关文献资料和司法判决，这也使文献研究方法成为本文必需的研究方法。

2. 逻辑分析方法。法学理论和观点的提出必须借助一定的逻辑分析方法，传统的归纳与演绎、分析与综合、抽象化与类型化等逻辑分析方法在法学研究中长期发挥着重要作用。本书关于德国联邦宪法法院判例的具体分析，对社会立法和社会给付请求权原理等问题的总结，以及论述过程中通过概念建构、理论推演等方式对一些问题进行的论证等，正是运用了逻辑分析的方法。

3. 历史考察方法。现实的都是历史的，对现实的考察往往倒映出历史的影子。毫无疑问，任何社会现象都有其产生、发展和消亡的历史，同时也与具体事物所处的环境息息相关。在法学研究中必须要抓住问题的核心而不是淹没在各种具体现象的细节之中。而要找出核心线索则必须洞穿历史，观念思想和制度产生的背景、发生的契机、促成事物发展走向的关键事件等都不可放过。这种按历史纵深顺序的方法最能考察事物发展的规律。历史考察有助于从总体上认识法律制度发展的历史脉络，也能恰当把握各种因素之间的互动关系。笔者从历史的视角分析德国法中社会国原则发展的基本趋向，需要考察德国建立之初和魏玛共和国时期确立的制度雏形，这主要采用了历史考察方法。

4. 比较的方法。比较的方法也是一种重要的实证分析方法，在法律领域通常被应用到对不同国家或地区的法律制度进行对比研究。本书所探讨的中国现有社会法中存在的问题，主要是与德国法律制度进行比较研究，因此比较的方法可以在此发挥作用。

必须指出的是，以上所提到的具体研究方法倚赖具体的研究情境。在本书的写作进程中将注重考虑所探讨问题的目标立场、具体要求和时空场景等相关因素，以便恰当地确定具体情境中的研究方法。

本书主要围绕德国法中的社会国原则展开，通过历史溯源、理论分析、立法制度和司法实践这四个方面勾勒出基本图景。社会国原则在德国国家建构过程中发挥了重要作用，是德国基本价值主轴。社会国和法治国融聚而成的社会法治国是法治发展的高级阶段。在完成形式法治的基本建构后，我们也需要探求形式法治的价值追求。德国社会国原则的视角将为我国法治建设提供较好的参照系。本书沿着这一思路展开，总共分为六章，分别进行阐述。

第一章主要描述社会国原则产生的历史背景和制度起源。虽然德国社会国原则在"二战"以后才逐渐有具体的制度内容，但是德国早在19世纪末期就制定了欧陆最早的《社会保险法》。本章试图厘清社会国原则兴起之初的历史条件和思想资源，同时描绘德国社会问题及俾斯麦社会保险法的演变过程。《魏玛宪法》的社会基本权利条款吸收了早期社会国理念，在"二战"后成为德国社会国原则入宪的重要法治资源。

第二章主要阐述了德国社会国原则的法理基础。社会国原则是与民主国、法治国、联邦国并列的国家目标。本章阐释社会国原则的法理基础，认为人性尊严、平等原则、社会分配正义与社会团结和社会参与等价值构成这一原则的价值基石。另外，德国独特的社会市场经济制度、国家和社会二分结构、多元民主价值填充了社会国的制度内涵。而通过厘清社会国与法治国的理论张力，我们也更能获得对"德国社会法治国"的理解。

第三章主要梳理了社会国原则的学说论争。在社会法治国框架下，社会国原则与法治国原则最具体和最有力的连接在于公民的社会基本权。本章将描述社会国原则对基本权利体系的影响以及学者对社会基本权的观点。通过对不同学者观点的展示，本章最终承认和确认了社会国原则的法治内涵。

第四章主要叙述了社会国原则下的法制建设。社会国精神集大成者是德国社会安全法制，主要体现为《社会法典》和其他社会性立法。本章将重点论述德国《社会法典》的内在结构和具体的法律制度。《社会保险法》《社会补偿法》《社会救助法》和《社会促进法》构成了《社会法典》的组成部分。独具特色的《共决权法》沿袭了团体主义的精神，也深刻打上了社会国的烙印。

第五章通过德国社会法院和德国联邦宪法法院的司法实践来展示社会国原则的法教义学内涵。在司法实践中，社会给付请求权的承认与否以及其实现程度都与社会国原则紧密相关。本章选取了德国宪法法院中重要的判例，通过分析法院判决书提炼出德国实务界对社会给付请求权的基本判断以及可能的理论出口。

第六章着眼于中国对德国法中的社会国原则的学习和借鉴。本章通过分析中国建设社会国家的现实紧迫性和可能的理论资源，而努力挖掘出中国宪法的规范资源。中国是社会主义国家，其在理念、内涵和意识形态各方面都不同于德国，但是社会国原则的价值内涵和具体制度仍然值得借鉴。中国也处于前现代、现代和后现代交织的时代背景中，在学习借鉴现代化背景下的方案时必须面对具体国情。转型期中国面临的复杂利益局面使得学者必须谨慎对待学说借鉴。我国如何借鉴德国社会国原则的经验，并据此建立完整的社会法理论和社会安全制度是中国学人应该深思的问题。

第1章 社会国原则的理念和制度渊源

德国是欧洲晚近完成统一的国家，在很短的时期内由落后、分裂的邦国林立的局面一跃成为欧洲强国。伴随德意志帝国崛起的是其高度发达的政治和法律制度。作为一种国家形态，社会国早在德意志帝国建立之初就在法律制度中有所体现。社会国原则的理念浸润在日耳曼法传统中，团体主义基因贯穿始终。作为一种制度理念，社会国是德国近代化进程的产物，有着特定时代的政治经济背景。它植根于德国风起云涌的工人运动中，德国深厚的天主教传统、源远流长的国家主义精神孕育了这一理念。德意志知识分子阶层和开明官僚共同推动社会国原则的制度实践，社会保障立法是最为直接的制度体现。经过一系列的立法斗争，社会国制度初步形成。"二战"后，社会国继承和发展了《魏玛宪法》中的社会权，正式成为经宪法文本确认的国家目标条款。

1.1 早期社会国形成的历史背景

1.1.1 德意志民族社会安全理念

德国法中的社会国原则发轫于人类古老的生存经验。人是社会动物，个体从属于某一团体才能获得更强大的庇护。老幼病残等群体除得到家庭这一基本组织的支持外，还需要依赖群体的帮助。

从中世纪开始到工业时代，欧洲范围内的个人从未完全摆脱团体而独立存在与生活。早期家庭仅是小型组织单位，家庭谋生高度依赖土地，不能完全抵御生活风险，因此出现了共同协作、共同承担风险的机构。封建时期的欧洲出现了各种形式的组织机构，不断在试错过程中建立个人与群体的联系，量定个体与团体间的距离。[1] 在古希腊古罗马时期，欧洲就已经出现了

---

[1] [英]玛丽·弗尔布鲁克：《德国史：1918—2008》，卿克辉译，上海人民出版社2011年版，第34页。

保险的理念。在当时，海员和矿工是高风险的职业群体，他们成立特定团体，全体成员缴纳费用以抵抗个人的特定职业风险。这类团体运行机制有着经济和社会基础，借由一定的物质、文字和有序的规则组成，并在这种机制下建立起组织。在这种朴素观念引导下，欧洲在中世纪创办了大量的修会、协会、行会、兄弟会、矿山合作社等机构，精神层面的宗教活动也由这些机构承担。[1] 手工业、采矿业、航海业等高风险行业都组建起类似团体。团员宣誓许诺给予团体内的每个人帮助，这些团体通过共同的工作、宗教和节日仪式等活动将自身团结为一体。个人面对诸如疾病、职业伤害、年老等风险时能将风险转移到团体层面。个人明示或者默认契约，通过互为担保的保险关系而获得相应的费用，应对生活变化所带来的风险。现今德国有民谚"Drei Deutschen，Ein Verein"，指每三个德国人就能组成一个社团，也印证了德国公民久远的结社传统和发达的社会自治境况。强调团体和集体的利益，注重团结的精神被保留到德意志民族的基因之中，这也是社会国的原始基因。

工业革命后，在世俗化运动和商业主义的洗礼下，传统的行业保险机构日渐式微，人员的流动和迁徙使得特定空间和地理范围内的救助显出局限。经历了启蒙运动、资产阶级革命，修会原先承担照顾功能的地位发生了动摇。这种行业互助的传统越来越衰弱，依赖行业组织为个体提供安全保障愈发式微。承担宗教职能的修会也陷于这样的情况中，修会和教会必须要追加金额，因为旧的保险形式已经无法再承担风险。人们注意到，由旧的行业保险承担的社会保护功能需要转移到新的社会保险制度中。老旧的行业机构仍然存在，但是它们仅被当作19世纪法律改革中行业生活和仪式的标本，其成员年老和疾病时已经不能从其参与的组织中获得帮助了。保险机构的更迭和保险形式的变化是一个缓慢的历史和法律进程。在18世纪的最后30年里，这种共担风险的合作社仍然保持其运作方式，但是很多已经陷入了危机之中。

随着社会功能持续分化，欧洲社会中出现了打破行业限制的社团、协会、协作社。这类组织保留了早先修会和行会的运行机制，并进行了革新。从18世纪末、19世纪初开始，德国旧保险机构和新的保险形式间开始出现巨大断裂。随之而来的是专门的行业机构、企业职工老年照护和个人护理行业快速兴起，更加庞大的社会保险机构开始取代旧的小规模保险机构。德国手工业者渐渐参与到统一的社会保险形式中。

---

[1] M. Stolleis, *Geschichte des Sozialrechts in Deutschland*, Lucius & Lucius, 2003, S. 103.

社会变革的实践启发了德国思想家劳伦茨·冯·施坦因（Lorenz von Stein）。他尝试使用社会君主国的概念，希望将要求社会改革的资产阶级同宗教的合作自助精神结合起来。施坦因的"社会君主国"概念是社会国原则的理念雏形，它要求自由主义者放弃其坚守的基本原则，将自由经济与国家主导的安全保障系统相融合，全方面地展开与国家的合作。传统农业社会的生存保障、家庭的支持、社区的联系和独立手工业者的自我保障都已经式微。在社团或者区域基础上解决德国范围内贫困者的生存照顾问题并不现实，这也正是德国需要在更高层面解决的社会问题。"社会君主国"的理念影响了德意志首相俾斯麦。1889年俾斯麦制定《老年和残疾人保险法》。虽然俾斯麦试图通过这部立法联合工人阶级的目标并没有达成，但是这项立法已经成为社会保险法的世纪杰作。19世纪中叶，德国的法定强制保险有效地应对了工业革命给巨变中的社会带来的危机，社会保险法是应对当时德国政治经济挑战的一剂良方。

从现代国家发展的角度看，德国率先在社会保障方面取得的进步是偶然的。这种偶然性与德国源远流长的国家主义传统相关。德意志帝国社会保险是公法意义上的强制保险，是半威权半自治的混合保险形式。作为对国家强制保险的平衡，自治理念在德国社会保险中也得到了体现。自治意味着社会独立于绝对的国家统治，公民广泛的民主参与以及大量社会自治组织的建立。19世纪末期的"自治"有着完全不同于今天的含义，国家和社会二分的进程随着警察国家的出现再次延缓。随着工业革命的发展，德国人口不断增加并参与到劳动分工中，越来越多的人通过自己的能力获得好的生活，个人生存不再依靠大量公共机构的有效运转。但是公共机构仍然要从个人处获取税收和费用。这种自治混合了正当化的国家统治和对自身社会阶层利益的维护。在德国自治观念发展下的社会保险制度滋养了官僚主义传统，但是它也给自由意志的生长留下了空间。国家对公民的强制照顾责任和社会组织的自治精神混合恰巧发生在德意志的土地上，并在德意志的历史中生根。

1.1.2 帝国社会问题和工人运动

在德意志强国之旅中，兴起于19世纪中后期的工业革命给经济和社会结构带来巨大变化。工业革命促成了生产方式的巨大变革，使德国由分裂落后的农业国家进入现代工业体系，转变为工业国。德意志民族从一个"诗人和思想家"的民族转变为以工艺技巧、金融和工业组织以及物质进步为公共生活的显著特征的民族。[1]

德意志帝国的工业经济增长出现严重的不均衡性，导致社会以未曾预见的速度快速分层和分化。这不仅损害了固有经济集团的利益，而且也影响到德意志人的生活，工业化对社会结构形成巨大冲击，农业生产所需人员减少导致大量农民涌入城市寻找工作，与城市手工业者、矿工、城市平民等形成庞大的产业工人阶层。工业革命的进步意义是在贵族阶层和较低阶层间催生出资产阶级，工业化给这一群体带来了巨大财富和上升的社会地位，这一阶级进而开始谋求自己的政治利益。市民中的中小手工业者和失地农民则落入无产阶层。[2] 不均衡性在经济上表现为垄断资本主义，即经济组织形式上出现康采恩组织，大企业自发的"有组织的资本主义"加速发展。德国经济确立了强有力的国家干预型模式。封建农业经济结构向资本主义工业经济结构转变非常迅猛，激烈的社会变革必然挑动阶层间的矛盾，而其中最大的受害者就是失地农民和城市失业的产业工人。贫富悬殊刺激着无产者的神经，这也构成了社会秩序的最大威胁。

19世纪后半期经济秩序的重新确定和社会结构的转变是德意志社会国的政策起源。直接推动德国社会政策发展的是"社会问题"（Sozial Frage），也即劳工问题。1871年德意志帝国爆发了严重的劳工运动，数量庞大的劳工阶层希望谋求更好的社会和经济地位。劳工失去了原先的生产资料，对资本主义生产关系产生严重的依赖性。但是他们面对恶劣的缺乏安全保障的工作条件和极低的回报，随时可能陷入失业的境地。聚集在城市中的产业工人爆发出大规模反抗斗争，由最先的破坏生产机器发展为有组织的工人运动。随着劳工反抗意识增强，德意志帝国工人运动发展到形成了有组织、纪律和纲领的团体的阶段。1863年5月，大约600名工人代表在德国小城莱比锡集会，会议决定成立"全德工人联合会"。这是德国工人阶级成立的首个政党组织，也是现今社会民主党（SPD）的前身。早期的"全德工人联合会"在社会民主党的思想先驱拉萨尔、倍倍尔和李卜克内西的理论指导下发展迅猛，逐渐成为帝国时期议会中的重要政党。[3] 这也是德国早期社会主义运动斗争的政

---

[1] [美]科佩尔·平森：《德国近现代史：它的历史和文化》，范德一等译，商务印书馆1987年版，第313页。
[2] 李工真：《德意志道路——现代化进程》，武汉大学出版社2005年版，第131页。
[3] 德国社会民主党（Sozial demokratische Partei Deutschlands，SPD）始建于1863年，是德国两大社会政党之一。社民党来源于工人运动，是早期共产党前身，后接受改良思想，吸收自由主义精神，致力于保持社会福利。

治成果。相比经典马克思和恩格斯的社会主义理论，德国社会主义实践先于理论。[1] 在此期间社会主义也在德国落地生根。德国的社会民主主义一方面植根于拉萨尔带领的社会主义实践，另一方面则是马克思和恩格斯所代表的社会主义传统。[2] 拉萨尔的理论渊源来自黑格尔国家理论，他认为"国家的职责是实现自由的发展和实现人类走向自由的发展。国家的目的不是保护个人自由和财产，国家的目的恰巧是要使个人能依靠这一联合体来达到一种其靠自身力量所无法达到的模板和生活水平，使人们能统统得到教育、权力和自由，这是他作为个人根本不能得到的"[3]。

作为务实的政党领袖，拉萨尔的政治思想逃离了正统马克思社会主义理论，而是不断改造社会民主党理论来服务特定时代背景下政党的政治目标。社会民主党是工人运动的直接产物，其已经成为有组织的政治实体，宣称代表工人阶级的利益，在俾斯麦领导的德意志帝国议会选举中吸引大量选票。社会民主党的选举号召力使帝国政府感到恐慌，这威胁了初生德意志帝国的统治秩序。1871年建立的德意志帝国的基本问题是统一国家的不完整性，经济上的现代化和孱弱的民主之间的矛盾。[4] 德意志作为欧洲大国的目标与其现有的地位并不相称。但这些问题都遗留下来并没有得到解决，尤其是社会问题在德国宪法和政治层面上未得到清晰解决。政治秩序的不连贯和不安全性使帝国面临接连不断的内部问题，铁血宰相俾斯麦迫切需要明确的方案来消除反对的声音。

在社会主义政党有纲领、有组织的领导下，帝国政府感到危机并开始以暴力镇压工人运动。俾斯麦对共产主义深恶痛绝，反对社会民主党人。1878年10月，德意志帝国会议表决通过了由首相俾斯麦推动的《反对社会民主党企图危害治安的法令》。这部"非常法"规定：所有以推翻现存政府或社会制度为目的，通过社会民主主义、社会主义或共产主义组织，危害公共安宁，特别是危害阶级和谐的组织，一律予以取缔。[5] 俾斯麦政府认为，要彻底根除德意志社会弊病，仅仅依靠对社会民主党进行大规模的强力镇压是无

---

[1] 拉萨尔（Ferdinand Lassalle，1825—1864），德国工人运动的理论先驱，1863年5月担任了当时最大、最重要的德国工人组织——全德工人联合会的主席。
[2] [美]科佩尔·平森：《德国近现代史：它的历史和文化》，范德一等译，商务印书馆1987年版，第263页。
[3] Berstein, *Die Sozialismus einst und jetzt*, Berlin, 1923, S. 80.
[4] Gerhard A. Ritter, *Soziale Frage and Sozialpolitik in Deutschland seit Beginn des 19*, Jahrhunderts, Opladen 1998, S. 56.
[5] Snyder, *Documents of German History*, New Jersy, 1985, S. 235-236.

法解决的，政府还必须面对现实的困难，积极推进和改革工人阶级的福利。俾斯麦同时对工人阶级的软弱性有充分的认识，他认为"工人的核心诉求是改善自己的福利地位，而任何时候期待养老金的人其实是最安分守己的，从统治者的角度看，他们也是最容易被统治的群体"[1]。在俾斯麦的推动下，德国议会吸收了对立利益团体的合理诉求，大胆地迈出了社会立法的步伐。1883年通过的《工人疾病保险法》明确规定了强制性保险，这部法律极大地保障了以工资和薪水维持生计的工人阶层。隔年通过的《事故保险法》规定了因公发生事故的受害人及其家属可以从国家规定的事故保险中得到补偿。1889年通过的《养老金保险法》则规定了退休人员和因伤残而丧失劳动能力的人，可以按照自身的伤残程度领取养老金。这些法律虽然并不完备，但是却极大缓和了工人阶级汹涌澎湃的愤怒情绪，为新生脆弱的政治秩序提供了保障。这些法律经过不断的修正，日臻完善，并构成19世纪末期世界上最完备的社会立法体系。而德国成为欧洲首个进行社会立法的国家。

1.1.3 日耳曼法与法团主义精神

从现代政治视角看，德国是欧陆代表国家，其政治模式不同于英美多元主义政治。德国政治模式中包含的法团主义（Corporatism）基因自近代以来成为学者们谈论的话题。法团主义和多元主义是不同社会多元利益组织化的进路，两者的核心区别是如何看待社会中的不同利益团体和国家的关系。在《布莱克维尔政治学百科全书》中，法团主义的中文对应是"社团主义"和"社会合作主义"。法团主义思想受到欧洲天主教教义和民族主义的影响。天主教教义强调个人多做善事能减免原罪，个人应对集体有所奉献，这有助于社会的统一和谐。民族主义则认为个人是民族的成员，个人与民族的勾连基于血缘和地缘，存在精神上的隶属关系，个人利益应当服从民族利益。法团主义强调统一和谐秩序的重要性。

法团主义吸收了法国社会学家涂尔干的社会有机团结理论。涂尔干在《社会分工论》一书中讨论了个人与集体的关系和个人如何构成有秩序的社会等问题。依据社会各部分之间的结合方式的不同和紧密程度的高低，涂尔干将社会划分为机械团结的社会和有机团结的社会。机械团结社会出现在人类文明早期阶段，主要包括原始社会和古代社会。现代社会中某些受现代影响较小的地区也采用这种社会团结方式。在这种社会类型里借由集体意识将

---

[1] M. Stolleis, *Geschichte des Sozialrechts in Deutschland*, Lucius & Lucius, 2003, S. 127.

广大个体聚集成为整体。[1] 与机械团结相对的是有机团结，这种社会团结方式是由于不断分化和发展的社会及更具独立和自由特质的个人的出现。这导致社会的复杂性大大提高。社会这个大系统由整体协作的方式来组织，个人的社会评价由其在社会分工系统中的作用决定。这种分工带来了职业主义和专业主义的出现，社会成员之间因为工作原因和参与公共生活而产生依赖感和团结感。有机团结打破了靠血缘和地缘建立起的脆弱联系，适应了时代发展变化。

涂尔干认为，每个成员都为社会整体服务，同时又不能脱离整体。学者需要从集体和整体的角度重新看待个人和公共的关系。法团主义汲取了涂尔干社会分工论的思想，关注社会集体而非个人，其价值目标是权威且稳定的社会秩序。[2] 法团主义是"一种利益代表的系统，其组成单位形成有限数量的类别，它们是单一的、强制的、非竞争性的、层次分明的以及功能区别的，为国家所承认或批准，它们在各自的范畴内被审慎地授予代表垄断权，以交换国家机关对其领袖选举以及需求与支持的表达置于某种监督控制。"[3] 法团主义重视稳定和整合，即如何将社会冲突转化为稳定的秩序。

法团主义在近代资本主义社会兴起的直接原因是现代社会转型所引发的总体性危机。传统封建社会向近代资本主义社会急剧变革，这场大转型引发了近代社会的总体性危机，尤其是经济领域中的混乱和失序状态。人的生存价值缺失，个体被严重异化，人与人之间基于地缘和亲缘的关系出现断裂，因而导致了社会的严重失范状态。[4] 法团主义社会中，个体开始组织起来，在经济生活中通过工会和行业协会的力量来矫正不平等的谈判地位。雇主也组织起来以应对劳工组织及市场不确定性问题，而且这种组织化的方式逐渐扩散到社会生活的其他领域。大量的工会组织、行业组织不断出现，它们制定相应的章程和制度，有着特定管理人员和运作机制。这种组织在原子似的个人与强大的国家间建立起屏障，以自治方式弥补"看得见的手"失灵的领域。[5] 法团主义尝试解决社会分裂的困境，其根据职业或功能将社会成员整合入各个社会组织中，借助公共精神来协调社会组织的利益关系，并以法团

---

[1] 涂尔干著：《社会分工论》，渠东译，生活·读书·新知三联书店2000年版，第32页。
[2] 张静：《法团主义》，东方出版社2015年版，第16页。
[3] Philippe C. Schmitter, "Still the Century of Corporation?", *Review of Politics* 36, January 1974, p. 93.
[4] 渠敬东：《涂尔干的遗产：现代社会及其可能性》，载《社会学研究》1999年第1期。
[5] 顾昕、王旭：《从国家主义到法团主义——中国市场转型过程中国家与专业团体关系的演变》，载《社会学研究》2005年第2期。

为基础建构国家和社会关系。

早期日耳曼人并不是依据自然地理环境或职业来形成聚居点,而是以适于战争的集结方式和兵源分布来划分,村社就是为了集体安全而设置。[1] 在所有制方面,日耳曼人的村社是住户的联合体(Genosse),因此实行的是共同所有制(das genossenschaftliche Eigentum),这孕育了早期德国的团体主义因子。德意志民族发展至成立统一国家的过程中,各种团体和组织就相伴而生。特别是19世纪40年代,工业革命的蓬勃发展催生了各种类型的组织。这些组织一定程度上代表了自己所属团体的利益,并积极谋求政治利益。组织和协会背后的法理逻辑是公民的结社权。1896年,德国《民法典》承认了公民自由结社权,由此为更多团体组织的涌现提供了法律保障。德国公民热衷结社方式,通过个人爱好和共同诉愿集合而成的社团以法团的形式组织起来,法团方式因此具有很高强度的黏合性和集中性。德国公民组建起来的社团并非完全是民间和社会行为,其运转受到州和国家的支持,这也是德国强有力社会自治的基础。以社团为核心的运作因而具有半公共性,联邦政府通过法律的方式来确认法团运作的合法性。在法律规定下,公民组建的社团就其所关注的公共议题进行团体成员内部的协商。这种集体性协商所形成的协议具有法律效力。这为法团主义运作方式提供了合法性依据。[2]

德国法团主义的精神事实上早就贯穿在法学研究历史中。作为大陆法系的代表,德国法律制度为世界其他国家提供了范本。19世纪,德国法学家阶层在研究本国法律制度时希望能复兴罗马法学的荣光,也有一批法学家致力于从本民族的法治发展历史中挖掘智慧。历史法学派产生的直接动力是19世纪思想领域的关于科学性的讨论。德意志人民要理解民族的法律,只有通过共同的民族生活才能达成这一目的。这是因为法律既是民族生活的一部分,又是民族生活的表现形式。法律附着在具体民族生活和民族精神之上,又融入具体血液之中。[3] 法学家萨维尼奠定了历史法学派的地位,1814年,萨维尼与法学家蒂堡就德国民法典制定问题展开论战,萨维尼反对在当时的环境下编撰统一的德国民法典,他认为过早制定法典会阻碍法律的发展。在《论立法和法学的当代使命》一文中,萨维尼重提了民族精神(Volksgeist),认为法律的真谛必须在民族精神中寻找,但是萨维尼醉心于罗马法研究,在

---

[1] 王亚平著:《西欧法律演变的社会根源》,人民出版社2009年版,第39页。
[2] 顾昕:《市场经济的多样性——全球化与中国劳动福利制度转型》,载《中共浙江省委党校学报》2006年第1期。
[3] [英]伯林:《反潮流:观念史论文集》,冯克利译,译林出版社2002年版,第15页。

具体研究工作中却没有贯彻这一原则。日耳曼法学家为法制发展作出了独特的贡献，而在研究本土日耳曼法过程中，涌现了杰出的法学家。法学家艾希霍恩（Eichhorn）和基尔克（Gierke）等人研究本土日耳曼法，立志从德意志民族的日耳曼习惯法入手整理和著述。1808年，艾希霍恩发表了《德意志法律与制度的历史》一书，在其著作中，艾希霍恩将法律视为从塑造和民族生活的元素中延伸出来的制度。他除了具体分析可能影响的因素外，还一并回溯了不同时期的法律观念与具体制度的内在逻辑联系，揭示内在逻辑脉络演变的传承性和逻辑性。[1]以艾希霍恩和基尔克为代表的一批法学家被称为日耳曼法学派。日耳曼法学派认同历史法学派的基本观点，认为法是民族精神的体现，但其认为过分研究罗马法而放弃本民族传统的日耳曼法，将无法获得法的本源。他们主张"德国固有法是从我们本身的民族精神中迸发出来的，与罗马法继受一起使德国国民远离了其民族的本质。德国固有法仍然存在并继续发展"[2]。

日耳曼法学家中成就最大的是奥托·冯·基尔克（Otto von Gierke），他致力于在日耳曼法中寻找本民族智慧，继承了日耳曼法的研究立场和研究方法，在法源论和团体法研究上作出了重要学术贡献。基尔克的团体法理论蕴含了德意志法团主义精神。在其巨著《德意志团体法研究》（*Das deutsche Genossenschaftsrecht*）一书中基尔克认为，团体是有独立人格的组织（juristische Person als reale Verbandspersönlichkeit）。基尔克认为团体是具有社会法结构的自然整体，这种看待团体和组织的观点与罗马法上的法人拟制说相反。基尔克论证了团体的独立地位，事实上契合了德国如火如荼的工人运动，工人成立的工会和行业组织因而有了抗争的法律基础。而基尔克同样认为，日耳曼法为现代法学体系贡献了团体主义的思维方式。日耳曼法财产法也具有法团主义性质，其财产权表现为双重所有权，即"直接所有权"和"利用所有权"，分别指领主对土地的管领权、处分权和耕作人对土地的使用权和收益权。[3] 日耳曼法主张的这种所有权结构顾全整体利益，并没有仅仅着眼于领主或地主的利益，这体现了社会团结的气质。为了与罗马法中"原子化个人主义立场"相区别，基尔克猛烈抨击1888年德国《民法典草案》，

---

[1] [英]古奇著：《十九世纪的历史学与历史学家》，耿淡如译，商务印书馆1997年版，第130页。

[2] [日]石田文次郎：《祁克》，三省堂1935年版。转引自何勤华：《西方法学史》，中国政法大学出版社1996年版，第169—171页。

[3] 易继明：《论日耳曼财产法的团体主义特征》，载《比较法研究》2001年第3期。

认为法律应该对"社会性"给予回应。这种回应即要求法律对无产阶级的诉求作出回应。针对罗马法中私人自治和私权绝对的观点，基尔克认为这种只强调权利而不提倡义务的立法行为与日耳曼法传统相违背。日耳曼法中包含着团体主义的责任，要求在私法中"渗入一滴社会主义的油脂"。[1] 正是由于基尔克的相关研究，德国民法典才避免了罗马法式的民法典的命运。日耳曼法重视集体人格和共同体精神，并试图从中挖掘出能作用于共同体的生存智慧。

个人主义强调原子似的个体的独立性不受不当干扰，法团主义则关注社区内部、同伴伙伴间的互助关系。法团主义重视集体人格和共同体精神，并从中挖掘出能作用于共同体的生存智慧。日耳曼法中的共同体和社群思想蕴含着民族智慧，在解决本民族发展道路上的问题时给出自己的回答。基尔克尝试从法律入手，建立起德国独一无二的政治秩序。[2] 这种法团主义精神早就流淌在日耳曼法血液中，其勾连和弥合分裂的各个阶层，这种注重组织和团体的特质在"二战"后的社会国原则中得到了充分的展现。

除此之外，宗教在早期德意志民族生活规范中扮演重要角色。天主教对南德意志地区产生了广泛的影响，天主教教义反对极端个人主义，主张群体奉行社会道德标准而非个人标准，认为社会和个人之间存在着共生联系。德国天主教浪漫派代表巴德尔（Franz von baader）和米勒（Adam heinrich Müller）强调个人和社会之间的紧密联系。[3] 巴德尔认为社会正是因为人的自然的不同性而形成的，各阶层都有其权利和义务，而每个阶层之间应该团结一致。权利诉求的关键在于劳动者的生存问题，劳动者只有在新的社会结构下才有可能重新被纳入公民社会。[4] 在教义的指引下，天主教教会致力于促进个人与社会之间的连接，对社会弱势群体给予扶助，这种传统也助推了德国法团主义的发展。"二战"后的社会国同样从法团主义中汲取养分。

1.1.4　社会国原则中的国家主义

国家主义是德意志帝国长久以来的思想传统，其智识资源源远流长。国

---

[1] 张力：《一滴社会主义的油——日耳曼式总有之于当代法人制度的启示》，载《河北法学》2009年第5期。
[2] O. Gierke, *Political Theories of the Middle Age*, translated & introduced by FW. Maitland, Cambridge University Press, 1990, p. xxv.
[3] [美] 科佩尔·S. 平森：《德国近现代史：它的历史和文化》，范德一等译，商务印书馆1987年版，第247页。
[4] 徐龙飞：《19世纪德国天主教社会训导理论之核心宗旨》，载《世界宗教文化》2013年第4期。

家主义学说不是一蹴而就的,而是德国思想界经年累积的成就。国家主义在政治实践领域的表现在于对国家权威和国家能力的确定、赞同和维护,并借助国家工具达成国家目标。

国家主义者持有机国家论的观点,将国家看作一个自在自为的实体,认为国家精神就如同个人具有的独特气质一样。国家作为独立实体有其目的和手段,这种看待国家的观点与卢梭社会契约论的国家观截然不同。国家主义者认为人民出让权利形成的契约是现代政治的道德基础这一观点站不住脚。这种政治契约过于抽象和机械,脱离现实政治生活,剔除了其他实际影响因素。现代社会的个体不仅被抽象契约和立法所构建,更与其所处的具体生活中的亲缘、地域、风俗民情和国家历史密切相关。卢梭的社会契约脱离实际生活,是拟制理论。在国家主义者眼中,国家是有生命的有机体,不仅是个体的有机集合,更是民族所有物质和精神财富的载体,其内在肌理流淌着民族精神的血液。

国家主义者对国家的崇拜和国家能力的推崇使德国政治陷入浪漫主义的思潮。[1] 对国家的推崇要求在政治生活和社会生活层面上,国家都处于优先位置。这股思潮是德国国家主义的重要来源,并深刻影响了历史法学派。

国家主义传统深受德国古典哲学的影响,康德首开这一先河,将国家放置在重要地位。虽然康德强调个人的思想必须保持在绝对自由的状态,但这种价值偏好并没有使他忘记国家的使命。康德坚持的"头顶的星空"和"内心的道德律令"分别代表了物质世界和纯净的精神世界。个人心中的道德律令是其内在精神世界的最高指针。而在必须经由合法性论证的世俗世界里,作为理性精神的国家是最高的权威代表。[2] 在康德看来,国家是严格的法律组织,是普遍法则的人格化,个人在国家这一法律组织的保护下达至自由的状态。[3] 事实上,从自由个体的角度看,康德很早就提出了"社会国家"的理念。在《法的形而上学原理》中,他提出关于"社会福利国家"的设想。康德说:"人民已经事实上通过他们的共同意志结合起来成为一个社会,这个社会必须永远保持下去。为此目的,他们就要服从国家对内的权力,以便保存这个社会的成员,甚至当他们无力维持他们生活的时候,根据国家的

---

[1] [美]科佩尔·S.平森:《德国近现代史:它的历史和文化》,范备一等译,商务印书馆1987年版,第63页。
[2] 陈新民:《德国公法学基础理论》,山东人民出版社2001版,第5页。
[3] 徐健:《社会国家思想、公众舆论和政治家俾斯麦——近代德国社会保障制度的缘起》,载《安徽史学》2007年第4期。

基本原则，政府有理由并有资格强迫那些富裕的人提供必要的物资，用以维持那些无力获得生活必需的资料的人的生活。国家中的有产者为了维持自身财产，他们需要服从国家并取得保护，国家向他们提供生存所必需的条件。因此，国家有权对他们施以一种责任，让他们贡献自己的财产来维持他们伙伴的生存。国家可以向公民的财产或商业资财征收赋税，或者建立基金会等法人组织，从中收取利润。这样做不是为了国家的需要，国家是富足的，而是为了人民的需要"[1]。从康德的论述中可以看到，他认为社会国原则不仅体现国家的善，也是人民的善。

德国国家主义思想影响深远，哲学家费希特继承了康德的思想，扛起了国家主义旗帜。费希特将人类社会分为三个发展阶段，这三个阶段是依次递进的。早期的国家形态是"专制国家"，在通过法律对政治的不断驯化后形成了"法治国家"。在更高级的发展阶段则是进入自在自为、自我实现的"绝对国家"状态。这三种类型的国家中，国家意志力的重要性处于不同的阶段。在他看来，当德国在国家竞争中处于落后的窘境时，国家必须采取积极的干预政策来扭转社会经济生活的局面。国家必须通过强有力的手段来达到自己的目的。费希特又认为，在市场经济自由的外衣下全然不顾经济中的秩序价值，强国通过不公平手段将德国的劳力和产品为己所用，利用其强势地位进行贸易顺差，这种行为违反了平等法权原则，损害了德国的国家利益。费希特希望德国能建立独特的计划经济模式，这个模式能让德国置身于其他国家经济的影响之外，德意志民族才能保持其纯正的精神气质，不受其他思想的干扰。在费希特的国家观中，"国家作为最高存在在方方面面对社会和经济生活施加影响，国家须取代经济自我运行规律而直接组织生产关系，划定企业的生产规模，国家还需要限制公民自由选择职业的权利，甚至包括干涉公民私领域的生活"[2]。费希特的思想有着浓厚的理想社会主义色彩，这启发了早期工人运动思想家拉萨尔和李卜克内西等人。信奉强大的国家力量并依靠国家权力来达到目的是政治家推崇的国家主义学说的依据之一。

黑格尔延续了费希特的国家主义传统。黑格尔将国家的地位提到前所未有的高度。在黑格尔的观念中，国家不只是制定法律和实施法律的决策机构，国家除了是物质实体外，更是有机的民族生活的承载体。德国是德意志

---

[1] [德]康德：《法的形而上学原理——权利的科学》，沈叔平译，林荣远校，商务印书馆2008年版，第156页。

[2] 谷春德、史彤彪等主编：《西方法律思想史》，中国人民大学出版社2005年版，第272页。

民族精神和社会伦理的整体和最高表现。个人的最高特权是其作为国家的成员。黑格尔认为市民社会是由各个"孤立原子"所组成的，由原子似结构形成的社会是追逐自身利益的斗争场域。市民社会确立的经济自由和个人自由必然会带来财富的分化和阶层差距的拉大，这无法消除的矛盾和冲突更不能保障全体社会成员的利益。超然而理性的国家从整体上调整社会秩序，以促进公民群体的整体利益[1]。国家从全局角度出发，努力促进社会团结和社会进步，在这种情形下不能仅考虑个体或集团的部分利益，而必须考察全体阶层的利益[2]。在《法哲学原理》中，黑格尔说："对私权和私人福利，即对家庭和市民社会这两个领域来说，国家一方面是外在必然性和它们的最高权力，它们的法规和利益都从属于这种权力的本性，并依存于这种权力；但是，另一方面，国家又是它们的内在目的，国家的力量在于它普遍的最终目的和个人特殊利益的统一，即个人对国家尽多少义务，同时也就享有多少权利。"[3] 这段话表明了国家在平衡群体利益和个人利益时的重要作用。

基于德国思想界源远流长的国家主义传统，德意志帝国政治秩序总体上奉行父爱主义国家观。在这种国家观下，权力机关和人民之间并非平等关系，国家应该像家长般关照和爱护人民，而人民则需尊重和服从国家。因此，德国的社会立法方案相比其他工业国家遇到的阻力要小。1881年，俾斯麦在议会中为社会立法第一项措施辩护时认为，国家政策应当使国民中的无产阶级认为国家不仅是实在的权力机构，而且是一个福利机构。国家不仅必须建立公平正义的社会秩序，维护社会活力，而且也应为在社会竞争中处于弱势的无产阶级谋取最低限度的利益和权利。俾斯麦通过立法政策将劳工等无产阶级重新纳入国家的统治之下。这缓解了潜在的可能进一步激化的阶层矛盾，减少了新生政治秩序面临的威胁，同时也奠定了德国社会国原则的底色。德国的社会问题只有通过国家才能得到解决。社会国原则就是为了赋予国家新的使命和角色。

1.1.5　德意志知识分子的推进

19世纪的德国知识阶层是各种社会思想的传播者和社会改革的积极推动者。学术界和政治家阶层维持着广泛的联系，一度成为各种社会改革的旗

---

[1] 参见张一兵主编：《资本主义理解史》（第一卷），江苏人民出版社2009年版，第84页。
[2] 徐建：《社会国家思想、公众舆论和政治家俾斯麦——近代德国社会保障制度的缘起》，载《安徽史学》，2007年第4期，第6页。
[3] [德] 黑格尔著，范扬、张企泰译：《法哲学原理》，商务印书馆2010年版，第261页。

手。在政治经济秩序发生巨大裂变的时代，知识分子和官僚阶层影响着德国社会发展的走向和政策制定。

在风云际会的帝国初期，关于德意志到底应该走何种道路的理论和思想广泛传播。其中以兴起于19世纪40年代，在70年代发展壮大的新历史学派影响力最大。新历史学派是旧历史学派的继承者，它在德国经济学界的统治地位从19世纪70年代一直延续到第一次世界大战，是当时德国社会政治经济发展和阶级斗争尖锐化的产物，是为满足资产阶级缓和阶级矛盾的需要而发展起来的。

历史学派主要围绕经济领域的问题展开论述。区别于旧历史学派，新历史学派认为经济问题只有和伦理道德联系起来才能够得以解决。新历史学派用发展和动态的眼光来看待事物，每个民族的内在都体现不同的民族精神，在历史过程中这些国家最终走上了不一样的道路。国家的发展轨迹早就藏在历史精神的密码中了，并不存在普遍适用于各国的政治、经济和法律规则。德国统一初期，新历史学派提出缓和社会矛盾的"社会政策"（Sozial politik）在中下层人民中产生了反响。

讲坛社会主义是德国新历史学派的社会政策论者所鼓吹的社会改良思想。讲坛社会主义者反对自由主义和理想主义，他们认为国家是超阶级的组织，能调和敌对阶级关系，主张在不废除资本主义制度的范围内，利用国家权力，通过社会政策、社会立法等解决劳工问题、社会问题，逐步实行"社会主义"。这实质上是打着"社会主义"的旗号进行资产阶级改良主义。部分有革新观念的讲坛社会主义者在1872年建立了"社会政策协会"，他们中的许多人利用其教授地位在大学讲坛上宣传自己的主张，协会成员包括古斯塔夫·施莫勒（Gustav Schmöller）、阿道夫·瓦格纳（Adolph Wagner）等。德国新自由主义者奥本海姆称他们为"讲坛社会主义者"。

讲坛社会主义者首先从经济学界的"自由放任、绝对利己主义"批判和反思开始。他们认为："德意志就应该走一条以新教伦理道德原则、公共福利和社会公正为方向的文化国家的发展道路。因为这才是一条在历史上、经验上能得到证实的独立发展道路。"[1] 柏林自由大学经济学教授瓦格纳认为："必须通过国家制定的强制性规定来推行福利国家化政策。"[2] 在讲坛社会主义者眼中，国家的主要功能是维护秩序和保护公民基本权利，促进公

---

[1] Ruediger von Bruch, *Weder Kommunismus noch Kapitalismus*, S. 63.
[2] Juergen Mirow, *Geschichte des Deutschen Volkes, Von den Anfangen bis zur Gegenwart*, S. 676.

民的"文化和福利的目的"。这种观点已经非常接近福利国家的观点。具体来说，国家要维持基本政治功能，也要通过公益事业来发展文化、提高公共卫生服务水平，为全社会提供较好的公共产品。讲坛社会主义者还主张通过一系列法律来解决工人在就业、工资待遇、劳保等方面的问题，如工厂法、卫生法、实行遗产税等。在考虑阶级差距问题时，他们强调国家努力提高经济发展水平，通过福利措施缓解敌对阶级矛盾，用温和的改良手段逐步完善资本主义，最终达到社会改良。

讲坛社会主义者有浪漫的政治想象，认为德国社会爆发的工人运动归根结底是不同阶级在感情、教养和思想方面的差异而引起的对立。因此，他们认为阶层间的劳资冲突从本质上来说是伦理道德问题，并不需要用激烈的流血革命手段来解决，可以通过提升工人阶级的教养，对他们进行感化教育来化解。学者也强调了国家的作用，认为国家要担负上文提到的"促进文明和福利"的使命，必须干预经济生活。只有改善工人的劳动条件和生活条件，并整体塑造工人阶级的教养和心理状态，才能缓解劳资冲突。国家被认为是能超越狭隘阶层利益的政治实体，且其完全有能力在不触动资本家根本利益的情况下满足工人阶级的诉求。

1872年到1882年十年间，讲坛社会主义者发表了一大批有影响力的文章，其中包括《现今经济秩序下的工人保险》《对工人中年老者和残疾人的看法》以及反对俾斯麦的文章《强制工人保险的条件和后果》等。部分成员直接参与了立法活动，这些文章中的观点被广为传播。俾斯麦虽然痛恨社会主义者，但他也认为他们的不少观点是正确的，并认可"必须由政府去实现社会主义所提出的要求中那些合理的且与国家社会制度一致的东西。只有现在的国家政权采取积极措施，才能控制住社会主义运动可能引发的混乱局面"[1]。最终，德国议会吸纳利益团体的合理诉求，大胆地迈出了社会立法的步伐。

1.2 社会国思想的演进

1.2.1 劳伦茨·施坦因的"社会君主国"

劳伦茨·施坦因（Lorenz von Stein，1815—1890），是19世纪德国著名

---

[1] Dieter Ralf, *Deutsch Geschichte*, München: Max Hueber Verlag, 1985, S. 165.

的公法学者。他首提社会国思想,在社会国理论中展示了对国家和社会的思考。施坦因提出"社会君主国"理论,这一观点受法国实证主义和空想社会主义影响,构成了社会国原则的哲学基础。施坦因正视工业革命所带来的社会危机,其理论旨在消除国家内部分化导致阶层对立带来的消极后果。施坦因通过融合社会、经济和行政理论来构建自己的体系,最终形成自己的国家学体系。他的理论体系以"社会人格"作为逻辑起点,以两分的国家与社会为维度。施坦因仍然将国家视为独立体,认为作为国家意志的实证法及国家机构的主要功能是维护社会秩序,同时也要调整社会经济利益格局。施坦因的国家学体系是"社会国"思想的具体表现形式。[1]

在施坦因之前,德国国家学说深受黑格尔国家理论的影响。在论述个人、社会和国家关系时,黑格尔认为生活秩序必须形成某种伦理关系:家庭中的个人具有最基本的自由;第二阶段的伦理存在于市民社会,市民社会通过法律、警察和行业机构维持社会的财富和劳动秩序,在社会的资源分配中可以满足个人更多方面的需求;最高阶段的伦理在于国家,人的终极自由存在于国家之中。[2] 黑格尔的观点适用于工业革命以前的社会,工业革命之后资本与劳工对立,失去生产资料的人即便付出劳动也无法积累资本,大量无产阶级无法获得经济和社会自由,随即出现了社会问题(Soziale Frage)。在黑格尔基础上,施坦因将国家类比为个人,建构了拟人化的有机国家体系,国家像鲜活的个人一样能自我管理、自我实践、自我控制和自我发展。但具体的国家人格要由概念走向实践,必须以实实在在现实世界中的物质作为基石。国家经济运行必须遵循经济发展规律,以已存的自然资源为物质基础,努力提高经济发展水平,获得更多财富。从社会层面看,国家认识到社会要独立于国家的界限,运用社会理论来塑造社会秩序,以实现原子似的个人与个人之间的有机结合。现代国家的存续以财政实力作为基础,财政实力的强弱标志着国家能力的强弱,它也在很大程度上划定了国家人格自由伸展的范围。行政权是执行国家政策最为有力的工具,国家应针对社会发展状况及时调整行政理论,建立符合国家目标的行政秩序。这样才能形成自给自足的国家人格和社会学意义上的有机团结整体。在这种背景下,施坦因认为社会问题尤其具有特殊含义,减少个人不自由以及避免社会生活中的不自由才能最

---

[1] 张道义:《十九世纪德国国家法学者史坦恩:Lorenz von Stein 1815—1890》,载《台大法学论丛》第 38 卷第 2 期,第 205—206 页。
[2] Georg Wilhelm Friedrich Hegel. (Fn. 3),*Die Sittlichkeit ist die Idee der Freiheit*, S. 144.

终实现真正的个人自由。[1] 虽然施坦因的论述对象是国家与社会，但其核心理念仍在于个人的人格和自由。施坦因着力解决的是德国劳工问题、失业问题以及无产阶级与有产阶级的对立与冲突，其解决框架便是社会君主国（Soziales Königtum）；社会问题是结构性问题，全面的社会性问题只有通过"非社会"的手段才能得到解决。

施坦因构建了国家人格的概念，个体人格能够解决精神与物质的矛盾，国家人格也应当具有协调个人与社会利益的能力。国家难免也会和个人一样存在独裁可能，因此统治过程中必须设置免于陷入局部、个人利益或独断专行的机制。只有"社会君主国"才能具有中立和超然的立场。在社会君主国中，世袭的君王有超越私益的地位，能够成为国家的代表，彰显国家公共利益的纯粹。具有道德权威的君主要进行改革，仍然需要将国家权力与行政权力相结合，瞄准具体社会问题的病灶持续实施变革。[2] 施坦因作为德国传统唯心论者，坚定认为只有君主立宪制才是解决社会问题的最有效体制，国家目的在于满足个人伦理与社会伦理。社会和国家二元结构得以明晰区分，国家因为有超越私利的君主而能脱离个人意志及相关利益的影响，社会利益与国家利益虽然不同但最终是密不可分的，国家的存在昭示着体现国家意图的社会秩序的存在，而社会秩序也最终构成国家的一部分。[3] 在不妨碍公共利益的前提下国家致力于提升个人利益，权力机构必须尽力掌控支配性的社会资源并进行合理分配。国家实现自身目标的行为就是行政管理的艺术，通过行政权来实现社会国目标则尤为重要。

施坦因的思想被后来的德国公法学者予以吸收和接纳，公法教授胡柏（E. R. Huber）认为建立在个人自由原则上的社会与国家间的对立导致社会问题，国家必须承担对公民"生存照顾"的责任，"社会君主国"概念能够超越不同利益矛盾调和社会冲突，并使社会下层拥有向上流动的可能。由此，施坦因的"社会君主国"概念成为社会国原则的思想源头。而公法学者博肯福德（E. W. Boeckenfoerde）则认为，施坦因的"社会君主制"是解决社会问题的方法，但君主制已经退出德国历史舞台。进入现代后，德国必须

---

[1] Lorenz Von Stein, *The History of the Social Movement in France, 1789—1850*, 56, 430（Kaethe Mengelberg ed. & trans. 1964）.

[2] Erik Wolf, "Lorenz von Stein Verwaltungslehre und Verwaltungsrecht", in *Deutsches Rechtsdenken*, Heft14, 2. Aufl., 1958, S. 41.

[3] [德] 劳伦斯·冯·史坦恩：《国家学体系：社会理论》，张道义译，联经出版事业股份有限公司2008年版，第244页。

采纳社会民主（Die Soziale Demokratie）的方式，社会民主制取代君主制成为社会国所植根的政治形态。[1] 学者迪尔克·布拉苏斯（Dirk Blasius）认为，施坦因认同社会参与国家意志的形成，并且预防社会权力延续到国家领域，借此反省实证宪法上的主权发展规律。[2]

施坦因是较早的国家法学者，他的社会国观点在当时并没有引起学者足够的重视。进入20世纪70年代以来，施坦因的价值逐渐得到挖掘，再次受到学界瞩目，其关于国家和社会的关系成为社会国思想研究的切入点。

1.2.2 黑勒与"社会法治国"

赫尔曼·黑勒（Hermann Heller）于1891年7月17日出生于德国台申（Teschen）。从1912年开始，黑勒先后辗转于基尔大学、维也纳大学、因斯布鲁克和格拉兹大学求学。黑勒参加了第一次世界大战，在军队休假期间，他获得了格拉兹大学的法学博士学位。"一战"结束之后，他又先后在莱比锡大学和基尔大学做教授资格论文。在著名的"卡普政变"中，他同拉德布鲁赫一起试图在政府和工人运动之间进行调解，拉德布鲁赫与黑勒也因此在该事件中结下了深厚的友谊。[3] 黑勒又积极从事成人教育。在拉德布鲁赫的影响下，他于1920年3月9日加入社会民主党。作为魏玛时代的法学家，黑勒提出了社会法治国概念，黑勒积极参与政治的行为也与其一贯主张的国家学观念密切相关。[4]

黑勒从国家学（Staatslehre）与多元的社会科学方法角度思考国家的前途问题，他的国家法学说被德国著名公法史专家认为是魏玛时期"最富意义的国家法学说"。黑勒的学说来源于黑格尔，却绝非唯黑格尔至上。他将自己的国家学说定位为现实科学（Wirklichkeitswissenschaft），强调对"社会现实"进行总体性的把握。1930年黑勒在其著作《法治国抑或专制？》（Rechtsstaat oder Diktatur）中提出"只有当市民法治国或自由法治国家发展成社

---

[1] Ernst Wolfgang Boeckenfoerde, "Lorenz von Stein als Theoretiker der Bewegung von Staat und Gesellschaft zum Sozialstaat", in Ernst Forsthoff (Hrsg.), *Lorenz von Stein. Gesellschaft – Staat – Recht*, 1972, S. 515.

[2] Dirk Blasius, "Lorenz von Steins Lehre vom Königtum der sozialen Reform und ihre verfassungspolitischen Grundlagen", in Ernst Forsthoff (Hrsg.), *Lorenz von Stein. Gesellschaft – Staat – Recht*, 1972, S. 562ff.

[3] 魏玛政府在"一战"后签署《凡尔赛和约》，这是象征耻辱的条约。沃尔夫冈·卡普（Wolfgang Kapp）组织新的"国民政府"，意图取代刚建立的魏玛共和国。

[4] 李忠夏：《德国国法学大师印象》，载《宪政与行政法治评论》第六卷，2016年7月。

会国家时，才能避免国家的专制化"[1]。黑勒是第一位具体提出社会法治国理念的国家法学者。

魏玛时期，德国宪法学者在正当性与合法性的问题上展现出理论的分歧。部分学者认为对宪法的研究不仅要从规范层面进行解释，还应该跳出规范的限制，关注宪法代表的国家秩序正当性。只有将研究视点放到合法性和正当性上才能破解规范的正当性问题。国家法学者提出了各种学说，批判了拉班德（Paul Laband）教授的国家法实证主义以及凯尔森纯粹法学的观点。[2] 正是从实证主义的角度解读国家法导致国家法学在"方法上的危机"。国家法学者试图通过新的学术路径为实证法找到突破口。[3] 施米特寻找政治生存主义的可能，斯门德则将精神科学引入法学，黑勒从社会学的立场入手，通过几种不同的途径反思国家法中的正当性和价值问题。

黑勒"社会法治国"思想的提出就是上述问题的解决方案。黑勒在《国家学的危机——社会主义与民族》一书中赞扬耶利内克一般国家学的思考方法，但认为其一般国家学缺乏方法基础。而凯尔森将国家学视作国家法学，这是没有国家的国家学，由此形成国家理论的严重危机。黑勒认识到鲁道夫·斯门德提出的精神科学国家理论也不能克服凯尔森的"无国家的国家学"。[4] 引起颇多争议的卡尔·施密特的国家学说强调国家的作用，但是施密特在政治态度上不顾学者中立精神，为希特勒独裁辩护，黑勒深刻体会到国家学与政治实践的关系。要批判先前国家法学者的观点，黑勒不仅需要处理法律与道德的关系，更需要把对权力的思考放进国家学的问题脉络中。[5]

黑勒在关于人的图景（Menschenbild）的阐述中展现了其国家理论的历史视域。考察黑勒的国家法理论才能充分理解他所要重新注入实定法律规范系统的"实质性内容"及他要超越实证主义法学"自由法治国"的"社会法治国"。对黑勒而言，国家并不是形式性的，如凯尔森式的法律规范构成的系统，也不是由实证主义法学所预设的由分立的个人聚合起来的"自由法治国"，而应该是一种黑格尔式的"伦理实在"，是"多样性的统一性"，是

---

[1] H. Heller, "Rechtsstaat or dictatorship", *Economy & Society*, 1987, 16 (1), S. 127–142.
[2] H. Heller, "Die Krisis der Staatslehre", in ders., *Gesammelte Schriften*, Bd. II, 2. Aufl. 1992, S. 3ff.
[3] R. Smend, Schlusswort, in *VVDStRL*, 4 (1928), S. 96.
[4] ［德］米歇尔·施托莱斯：《德国公法史：国家法学说和行政学》，雷勇译，法律出版社2007年版，第256页。
[5] ［德］赫曼·黑勒著：《国家学的危机——社会主义与民族》，张龑等译，中国法制出版社2010年版，第35页。

扬弃了"自由法治国"的"社会法治国"。"社会法治国"的理念重点在于公民的政治成熟和参与，在于共同体内的实践、交往与文化的构成性作用与影响，即通过构建"民族—社会"这个构成性的人格来克服民族—社会的日常生活中个人、阶级的利益分歧，并为国家提供"正当性"的来源，进而以此为核心来构建"社会法治国"。[1] 他指出唯有改造市民阶级，迈向社会法治国，才能够进入西方文化的发展进程。相较于实证主义法学所支持的"自由法治国"，黑勒的"社会法治国"是在形式之中注入"实质性内容"，将法律实证性的问题与伦理性法律原则联系在一起，实现由形式法治国向实质法治国的转变。他成功指出了法律、道德、权力的辩证一体性，国家的统一性必须在这种辩证关系中来理解。黑勒将社会法治作为回应实证危机的方案，他的思想成为社会国原则的宝贵思想资源。

1.3 社会保险法和社会国原则

任何改革的发生都是不同的因素共同作用的结果，包括社会、经济、政治制度等多方面元素。德国是欧陆第一个制定社会保险法的国家，这部法律是内部阶级矛盾激化的产物。19世纪初生的德意志帝国借助工业革命完成农业国向工业国的转变，但在政治经济制度上还带有浓厚的封建特征，帝国统治尚未稳定。一方面重工业、纺织业、农业等发展迅猛，另一方面劳工运动、教会，还有继承普鲁士而来的"首相政治"都是帝国政治秩序的不稳定因素。政党政治和议会政治导致政治秩序变幻无常，迟到的欧洲大国仍然面临着道路的选择，德意志在探寻正确道路。

1878年德国皇帝威廉一世为了镇压组织劳工运动的进步政党，通过了专门的工商业管理条例，调整了对劳工意外伤害的补偿标准。1878年秋，首相俾斯麦决心跟随威廉一世的步伐进一步改革。从开始有计划地反对自由贸易和进步党团，到1880年俾斯麦回击他的政治对手时认为应当建立一个"克制且理性的国家——社会主义"，俾斯麦对劳工运动的态度不断软化。资产阶级自由主义者则认为普鲁士国家主义思想是俾斯麦一贯坚持的，俾斯麦不可能兑现其政治诺言。铁血宰相俾斯麦希望形成受国家控制的"国家—社会主义"，妥善处理劳工阶层和资本家阶层的矛盾，从而避免帝国的分裂并维护国家的统一。俾斯麦反对给予劳工和失业人员过多的救助，以阻止造成

---

[1] 李哲罕：《需要实质性内容的公法学》，载《浙江学刊》2016年第2期。

"社会主义"的事实。通过保护劳工的法律是俾斯麦对抗社会民主主义的努力。正如1881年11月17日的帝国诏书中所说的:"这不仅是为了有效应对社会负面危机和压制社会民主,同样也是为了促进劳工的更好福利。"帝国领导人和首相阻断了国家成为被统治阶级憎恨对象的可能,同时通过物质上的保障来压制工人运动。

1883年,在进步力量和保守力量的不断拉锯中,德国诞生了第一部保险立法《医疗保险法》。紧跟其后,德国又通过了《工伤事故保险法》以及《老年保险法》等。这些社会保险法缓解了帝国内部的政治压力,对社会民主党人提出的选举权和罢工进行了回应,同时防范了工业革命带来的负面影响,将整个国家的风险降低至可控制的范围内。它努力将各种因素纳入考虑范围,包括已经没落的传统保险机构,对意外伤害受害人以及遭遇年老和伤残的工人予以保护。这些针对弱势群体的法律体现了国家的进步,相关措施改善了无产者作为被统治阶级的境遇。帝国诏书的阐述展现了观念上的革新,贫困者可以对国家提出社会保险上的合理要求。这不同于之前劳伦斯·施坦因的"社会君主国"的观念。在施坦因的君主国中,君主代表对立阶级间的中立利益。但君主更多的时候仅是一个隐喻,中立的政治权力则更是不现实。在俾斯麦推动的社会立法改革中,君主作为国家的代表应该主动促进改善工人生存状态。当然,就追求社会层面进步而言,施坦因的理论还是有其可取之处的。

宰相俾斯麦对工人运动极其厌恶,他推行半君主半民主的统治方式。他反对一切来自下层的政治和社会解放的努力。俾斯麦希望摧毁社会民主党人和工人运动的意向十分明确,压制政策非但没有减少,反而更加强化。帝国的行业协会得不到认可,政府对工人斗争施加民法和刑法上的限制。资本主义的自由经济道路虽然已经确定,但是仍依赖国家干预。社会改革者一方面反对流行的教条自由主义,另一方面也反对社会民主观念。劳工问题被德国资产阶级视为潜在的威胁,俾斯麦的社会保险法将内在革命的压力释放出来。基督教的父爱主义,对社会民主党进行暴力压制的失败以及1878年俾斯麦关于促进"积极的"社会立法的承诺都对这部极具影响力的社会保险法的制定起到推动作用。[1]

社会政策的推行对德国政治秩序产生了深远的影响,它极大地缓和了工人阶级与资产阶级和贵族容克地主之间的矛盾。通过议会政治,代表工人阶

---

[1] Helmar Bley, *Sozialrecht*, 5. Aufl., 1986, S. 27ff.

级的社会民主党得以进入国会,并期待通过选举而非暴力革命实现本阶级的政治目标,这也符合新生帝国的政治利益。

1.4 《魏玛宪法》与社会基本权

第一次世界大战终结了德意志帝国,同时也开启了资产阶级民主共和的进程。魏玛共和国翻开了德国历史的新篇章,魏玛时代虽然短暂,但留下了民主共和的瑰丽色彩。《魏玛宪法》成为资产阶级革命璀璨的明珠,其在德国法制史上书写了浓墨重彩的一笔,是德国历史上第一部实现民主制度的宪法,它也是"德国革命"的果实,确立"宪法国家"。1848年资产阶级革命自由、民主的精神在《魏玛宪法》中得到了体现,这部宪法充分考量了不同阶层在革命后表达的利益主张。《魏玛宪法》第五条规定:"人民通过选举并由特定的立法、行政与司法机关行使国家权力。"《魏玛宪法》还明确了人民主权、权力制约的原则。它创造性地在宪法条文中专列有关个人权利的一编,规定了就业权、住房权、教育权、生殖权、母婴保护权等。不仅如此,它还答应在政治民主之外,确立经济民主,在全国层面设立"经济议院",在企业内部设立"企业代表会"。《魏玛宪法》在公民权利部分体现社会主义目标的自由,首次在宪法性文件中规定了公民的社会基本权利。

《魏玛宪法》中确立的基本权和国家法理论为1949年德国基本法制定提供了重要的经验。《魏玛宪法》最终确立了公民的基本权,除了经典的自由权以外还包含了社会权,如对劳工和失业者的照顾和保护。《魏玛宪法》以德国社会民主党人普洛斯提交的草案为基础,也是基本权形成史上最重要的文献,其在自由法治国内涵之外加入了社会权维度,拓宽了个人与国家的关联维度。

社会权是否进入《魏玛宪法》引起学者很大的争论,各个政治派别对这一问题持不同的观点。保守政党认为基本权理论必须沿用传统自由权思路,强调保障个人自由领域来对抗国家权力,个人基本权的实现主要通过立法者制定普遍法律;而社会民主党等进步政党则认为在古典基本权之外还应将革命的成果、社会性权力和社会经济问题纳入宪法文本。宪法委员会支持社会基本权,认为加强教会、学校与国家之间的联系符合德国法律传统,社会基本权利的保障同样重要。最终"基本权之父"科纳德·拜耶(Konrad Beyerle)的观点取代了"宪法之父"胡果·普鲁士(Hugo Preuβ)限制政府的主张,社会权被纳入宪法。《魏玛宪法》成为德国社会宪法的起点。

《魏玛宪法》关于社会权的规定分布在整个文本中：第119条规定了对多子女家庭的照顾；第121条规定非婚生子女与婚生子女基于相同身体、精神与社会条件发展；第122条规定保护青少年免于受剥削以及避免在道德、精神或身体上陷入无助状态。在魏玛共和国中，经济秩序必须符合正义价值，保障人性生存目的。出于公共利益的考量可以将个人企业收归公有。

公法学者恩斯特·鲁道夫·胡柏（Ernst Rudolf Huber）教授认为共和国实行的并不是修正社会主义，而是修正市场经济下的社会国。社会国原则主要借助立法委托来保障社会基本权。[1] 卡尔·施密特教授认为社会基本权相当于耶利内克身份理论中的"积极地位"。若无法律明文规定则公民个人无法享有，社会基本权属于宪法委托。[2] "一战"以后德国尝试弥合战争给人民带来的伤害，《魏玛宪法》中首次规定了公民的社会权条款，在国家和社会间建立更紧密的联系。但这部宪法删除了最重要的基本权效力和违反基本权的救济方式，但这使社会基本权的最终实现度大打折扣。"二战"后，德国制定的基本法没有仿效《魏玛宪法》规定社会基本权，而是用社会国原则来规范。虽然《魏玛宪法》规定社会权开创了历史先河，但它从诞生开始就受到人们的质疑，人们质疑这部宪法的适时性、本地化与现实功能。政府行动力不足导致宪法承诺没有兑现，这些进步条款最终因为纳粹政权的上台没有得到施行。

1949年德国《基本法》继承了《魏玛宪法》的部分条文，沿袭了《魏玛宪法》中社会权精神，在《基本法》条文中确认社会国原则。国家通过法律形式主导权利和利益的分配，社会政策由政治问题转化为法律问题。随着立法理论不断发展，大陆法系的成文法模式逐渐松动，联邦宪法法院和社会法院在司法实践中通过法律续造赋予社会国原则和社会基本权更丰富的内涵。

小 结

"二战"后，社会国才被明确写入德国宪法文本之中，但是这一原则展现的理念和精神却早已有之。正如历史法学派所说的，"当下的法律早已在历史的脉络和民族精神中闪耀"。自民族国家成立后，德意志的历史发展进

---

[1] Christoph Gusy, Die Grundrechte in der Weimarer Republik, ZNR 1993, S. 173.
[2] Carl Schmitt, Die Grundrechte und Grundpflichten des deutschen Volkes, in ders., Verfassungsrechtliche Aufsätze, 3. Aufl., Berlin1985, S. 221.

程加快，在近代与现代的转折点孕育出闻名世界的制度成就。

在统一的帝国成立前，德意志处于邦国林立、封建割据的状态。这一时期的德国被老牌资本主义大国视为落后和粗鄙的代名词，但这块土地上已经出现社会安全理念。与英国基督教济贫的传统不同，德国社会安全保障实践起源于早期行业协会。采矿业和航海等高风险行业催生了行业内部的风险共担机制。这种原始的承担安全保障的机构逐步向其他行业蔓延。兴起的行业组织开始制定自己的管理规则，建立起运行机制。这些行会组织被视为德国社会早期的结社形式，也是社会自治的起点。现今德国有民谚"Drei Deutschen, Ein Verein"，意思是每三个德国人就能组成一个社团，这印证了德国社会久远且发达的自治传统。社团强调整体的利益，即使在自由主义传统深厚的欧洲仍处于价值优位。法律制度总是政治社会生态的镜子，强调集体利益和协商的传统被德国法继承下来。日耳曼法学家基尔克挖掘本民族习惯法，日耳曼法中的法团主义因子被视为"社会主义的一滴油"。法团主义注重社会衡平和社会团结的思想，也成为社会国原则的理念渊源。

德意志知识分子传播知识和观念，教育民众，参与社会运动，在德国现代化进程中发挥了重要作用。19世纪思想家劳伦茨·冯·施坦因提出"社会君主国"思想，设想君主能超越狭隘利益进而承担对国民的照顾责任。黑勒则提出社会法治国思想，借社会国和法治国之关系谈国家和社会的界限问题。知识分子阶层和开明官僚深刻认识到统一的德意志对大国崛起的重要性，在帝国初期通过资产阶级改良运动维持统治秩序。普鲁士首相俾斯麦通过"铁和血"手段最终统一德国全境，建立起德意志帝国，其奉行的"父爱主义"国家观要求国家像父亲一样具有责任心和爱心，像父母对待子女一样对待公民。这种精神传统在德国社会保障的制度实践中有迹可循，以国家给付为主体的普惠性和强制性社会保障系统就是明证。德国社会保障制度的直接动因是帝国时期的工人运动引发的社会问题。"社会问题"的实质是工人为主体的无产阶级提出的利益诉求冲击了新生的帝国秩序。工人运动激发社会民主党人思考德国前程问题，要解决工人运动需要国家推行一系列社会保障措施来改善工人处境。俾斯麦先后制定一系列安全法化解了德国社会分裂的危机，通过法律改良手段使社会免于暴力革命，为德国快速完成工业化和现代化打下了坚实的基础。1919年的《魏玛宪法》规定了进步的公民社会权，为"二战"后社会国原则入宪提供了制度蓝本。

德国社会国的提出和社会保障制度的建立是多重因素共同作用的结果。我国不具备德国的历史背景和精神传统，但两国都珍视社会整体利益，注重社会衡平和社会团结。中国共产党坚持人民立场，代表和维护最广大人民的利益，以建设社会主义强国为目标。我国更具有社会主义的制度优势、超强的组织能力和动员能力，能集中力量办大事，国家在所有的政治主体中是最重要的政治力量。中华人民共和国成立七十年来，历次变革都依靠国家的力量，改革的结果也是为了实现国家利益和目的，如在立法、行政和司法构成的法律图景中可以看到"凭借国家"和"为了国家"的演变脉络。我国的政治制度也决定了国家可以集中力量办大事，在顶层设计和统筹规划中推动社会改革。我国《宪法》明确规定我国是社会主义国家，国家尊重和保障人权，规定了公民享有的社会权利，这也为完善社会保障制度提供了法理基础。

中国当下的社会保障制度改革的复杂性和艰巨性需要国家展现政治勇气，进一步推动社会建设。健全的社会安全制度能缓解社会危机，弥合阶层对立，鲜明地体现公平正义。进入新时代，我国在面临错综复杂的利益结构和提升社会治理能力的要求时，可以借鉴他国经验，促进更加公平正义社会秩序的形成，提升社会向心力。

第 2 章 社会国原则的法理分析

社会国原则不仅是一种理念,更是具体制度实践。社会国原则转化为现实政治制度时必须在法治框架下运行。"二战"后德国的《基本法》文本首次确认了社会国目标,将其纳入宪法原则中。由此,社会国原则具备法律解释层面的规范基础,而其价值内核仍需要被反复检视。本章溯源社会国原则的入宪时刻,以此还原社会国原则的逻辑起点,挖掘社会国原则的效力定位,提炼社会国原则的价值内涵并勾勒其面貌。

2.1 社会国原则的雏形

2.1.1 从自由法治国到社会法治国

欧洲从中世纪进入现代的过程中出现了两次重要分离。一次是王权从政教合一的秩序中分离,另一次是市民社会的发展导致国家和社会分立。欧洲由中世纪的政治国家和宗教的"现实二元论"逐渐过渡为以抽象价值为特征的国家和社会二元论。在这两次分离过程中,逐步发现了"人的存在",确认了现代意义上的公民身份,开启了政治现代化的进程。[1] 国家和社会二元划分是欧洲基本的政治背景,而德国社会国正是在国家和社会二分的背景下产生的。在不断演变过程中,工业革命催生和促进了新兴资产阶级的崛起和发展,市民社会逐渐孕育和成熟。在这一过程中,民族国家、自由经济和个人权利都成为国家和社会分立的促进因素。政治国家和市民社会成为学界讨

---

[1] 张志铭、李若兰:《迈向社会法治国:德国学说及启示》,载《国家检察官学院学报》2015 年第 1 期。

论的中心话题，并开始影响欧陆国家的政治议程[1]。社会和国家有其自身的建设目标。社会关注的是自身经济和文化利益，而国家所关心的是通过司法、军队和警察来保障内部和外部安全。19世纪的国家理论认为个人是公民社会的组成部分，公民社会必须遵循自治原则，个人必须对自己的生活秩序作出安排并承担后果[2]。个人享有独立于国家和社会的自由，欧洲个人主义传统扫清了封建主义、专制主义和警察国家的阻碍。

欧陆国家形成市民社会的时间各不一样，英国早在17世纪就孕育出独立于国家的市民社会，普鲁士邦国在18世纪尚没有完成国家和社会的分离。带领德国实现统一的普鲁士在帝国初期延续了传统的家长式国家观，留给社会自身发展的生长空间有限[3]。从历史角度看，19世纪后期国家和社会之间的绝对二分的界限很快被打破了。自由资本主义向垄断资本主义发展，经济的兴起导致"作为国家干预的结果，国家和社会之间的分离趋势开始消失了。这是因为经济和国家政治的互相融合打碎了资产阶级私法和自由主义宪法的物质基础"[4]。

德国旨在建立社会法治国家，在保障公民个人自由的同时也在"自由主义之水"中滴入"平等正义之油"[5]。国家必须借由更积极的社会政策来践行社会公平正义，使自身成为代表多重价值的实体。国家与社会在各自领域应当扮演不同的角色，有些领域需要国家严格管控和干预，有的领域需要交由社会自治，而有些领域则需要国家和社会在治理上进行合作。早期德国立宪主义者主张的中立和消极国家已经不复存在，被大大扩展的个体自由与新出现的权利类型都离不开国家的法律规定，权利的实施最终离不开国家保障。传统国家公权力被引导和要求以柔性的方式实施，这极大增强了社会参与国家政治生活的可能性。现有行政法中现定"公私协作"（PPP）即是典型例子，政府和社会资本合作成为多元治理中的新模式，引入私法主体也有助于政府职能转变。

---

[1] Jack Lively and Andrew Reeve, "The Emergency of the Idea of Civil Society: The Artificial Political Order and Natural Social Orders", Robert Fine and Shirin Rai, *Civil Society: Democratic Perspectives*, London, Portland: Frank cass and Co. Ltd. 1997.
[2] 张志铭、李若兰：《迈向社会法治国：德国学说及实践》，载《国家检察官学院学报》2015年第1期。
[3] [德]哈贝马斯：《公共领域的结构转型》，曹卫东译，上海学林出版社1999年版，第9页。
[4] [德]哈贝马斯：《公共领域的结构转型》，曹卫东译，上海学林出版社1999年版，第12页。
[5] Eichenhofer, Sozialrecht und Privatrecht-Komplexe und komplizierteWechselbeziehungen, in *Gedaechtnisschriftfuer Heinze*, 2005, S. 145.

法律的发展也经历了自由本位向社会本位转变的过程。法律确认公民社会共同生活的规则。早期私法是个人和社会生活的最权威的规范，维护自由竞争的经济秩序和市场主体的利益。个体自由、财产安全与经济发展存在着密切的联系。自由主义的经济模式奉行个人自治和契约自由，放任竞争和遵循市场规律就能达到最优状态。国家和社会通过市场竞争累积了巨大财富，资本主义竞争也带来贫富悬殊和新的不平等。崇尚个人竞争的市场机制无法保证每个人最低限度的生存条件。大量的农民、手工业者和工人陷入恶劣的生存境况，脆弱的社会安全制度和自由市场经济下的私法不能解决这些问题。德国法摒弃了私法领域的"自由放任"主张，那种认为国家应该对个人自由施加最小限度影响的观点已经不再适应时代发展。国家开始干预社会领域，公法也因此随着国家边界拓展而不断扩大。针对自由主义模式失灵的状况，社会法和劳动法应运而生，限制民法中自由原则并矫正民法中自治原则带来的弊端。德国基本法发展出基本权利第三人效力理论，从而使民事法律关系中的个人能受到基本法上的保护。[1] 民法中个人自由、财产权受到一定程度的限制，甚至逐步出现私法公法化的特征。德国法中的财产权要承担相应的社会义务已经成为学界共识，包括德国法对消费者权益和房屋承租人利益的保护都是具体表现。俾斯麦时代的社会保险法拉开了社会法的序幕，在这一过程中公法和私法进一步融合。

促进个人自由和社会团结、实现社会正义，是多数学者共同认可的社会国原则的价值。正如皮特·巴杜拉教授所说，德国现今国家任务之一就是对人民生存的照顾义务，对弱势者给予积极的帮助与扶持。[2] 社会国家的建立意味着国家任务的增加，为贯彻政治意志，立法者必须制定符合社会国精神的法律规范。德国要建成一套完整的救助制度，使每个公民在遭遇生活危机和重大社会风险时能从国家或者团体获得帮助，以重新恢复"自由的人"的形象。国家应该在社会秩序层面努力减少冲突和对立，为特殊人群制定专门的社会补偿标准（如德国在"二战"后对战争受害者进行补偿）。在司法实践中，社会国条款也可能成为法院援引的条款。

从自由法治国向社会法治国的转变过程中，德国行政法理念发生了革命性改变。行政法学家恩斯特·福斯特霍夫提出了影响深远的"给付行政"观

---

[1] Hahn Kemmler, Die Verdraengung des Zivilrechts durch das Sozialrecht-dargestellt am Unterhaltsrecht, *SGb*, 1979, 195.

[2] Peter Baduda, DasPrinzip der sozialen Grundrechte und seine Verwirklichung im Recht der Bundesrepublik Deutschland, in *Der Staat* 14（1975）, S. 17ff.

点，其提出的"生存照顾"（Daseinvorsorge）革新了行政法理念，并发展了服务行政理论。按照福斯特霍夫的概括，此一时期，人们的"有效生活空间"扩大，但"可掌握空间"日益狭窄，国家应当负担起对个人提供"政治的生存照顾"的职责。福斯特霍夫教授将生存照顾概括为发挥三种职能：（1）维持劳资关系的和谐；（2）指导生产的供需和分配；（3）提供人们生存所依赖的各种给付。社会法治国通过大量的行政法律关系予以实现，国家给付公民必要福利，促进社会公正和公民自由发展。"二战"后的德国全面进入社会国已经是无可辩驳的事实。

2.1.2 《基本法》中的社会国原则

在德国《基本法》制定过程中，负责制定《基本法》的德国议会委员会并没有就统一的社会生活秩序达成一致意见。最初的法案草稿并没有囊括国家的社会任务。但是制宪者认为基本法是所有法律的根基，是德国人民生活的基础规范，不能局限一时一地和眼前利益，必须着眼于长远目标。

1948年10月，德国基本法制定委员会提交草案，草案包含国家制度、国家性质和国家任务等最重要条款。其中《基本法草案》第20条明确表示德国是社会国。"社会"一词极易引发争议。有委员建议应该将"社会"与"法治国"融聚成社会法治国。在10月14日召开的会议上，基本法起草会议采纳了卡洛斯·施密特的建议，将"社会"一词与共和国联系起来，形成"社会共和国"的表述。基本法制定委员会同意在第28条中加入如下规定："各州的宪法必须许诺遵守基本法意义上的民主和社会法治国价值，以此实现基本法第28条和第20条的统一。"在1948年11月16日的会议上，基本法委员会成员简化了这一规定，最终形成了第28条对于德国国家性质的完整规定，即"各邦之宪法秩序应符合本基本法所定之共和、民主及社会法治国原则"。在基本法二读会议上，委员会又采纳了西奥多·霍伊斯的建议，保留了原先的基本法第20条规定。但这条规定中没有对"社会"一词的含义作出详细解释。[1]

德国《基本法》第20条第1款规定，"德意志联邦共和国是一个民主的、社会的联邦国家"。同时，德国《基本法》第28条规定："各个州的宪法秩序必须依据基本法原则作出关于共和国的、民主的、社会的法治国家的承诺。"这些条款都包含了社会国家的目标。德国《基本法》转而统一使用

---

[1] M. Stolleis, *Geschichte des Sozialrechts in Deutschland*, 2003, S. 34.

社会国家目标这个概念。作为任务目标和对规范的确认，社会国条款写入宪法中。这里所指称的社会国家目标是笼统的而非复数的"社会的国家目标"。自此，国家将从社会的视角被重新定义和描述。

社会国原则与联邦国原则、民主国原则、法治国原则一起规定了德国国家的性质。社会国家和其他条款是基本法中的不可修改条款。"联邦国""民主国""法治国"的内涵比较明确，刻画出德国国家性质的一个维度，其条款已经借助法律精神和制度实践确认下来。就社会国来说，社会内部的关系与"社会"一词的内涵严重不平衡。其他的宪法目标显然会形塑"社会国"的内容，而确认"社会国"规范边界十分困难。社会国目标区别于其他价值目标，"国家"与"社会"不能在实质意义上连接，社会国只能是"社会的联邦国家"或"社会的法治国家"。[1] 此外，社会国、民主国、联邦国和法治国也是组织和程序的共同体，这些核心特征是国家的本质，只有组织和程序运作协调，社会和国家才会处于正常状态。"社会国"对国家而言是正确的努力目标。

"社会"一词的含义可以从文本角度进行考察。与"社会"相关的宪法文本源头久远。1215年英国《自由大宪章》规定，必须给予商人和农民保护，体现了公正价值。1776年《弗吉尼亚权利宣言》陈述了这样的理念："每个人都应该获得安全和幸福，每个政府都应该致力于对整个社会带来福利和安全水平的提高。"法国大革命的宪法宣言中提出了公民的工作权，也包含对贫困者进行救助的规定。德意志历史上也有这样的宪法文件，1849年《保罗教堂宪法》在条文中规定了公民获得职业培训的机会。[2] 1871年《德意志帝国宪法》序言中明确提出"促进德意志人民的整体福利"。《魏玛宪法》也有类似的条文，其中规定了"依据公平原则，国家经济生活秩序的正义性原则在于其必须保障个人的最低限度的生存"。"公正"和"最低限度的人的尊严"是对"社会国原则"意涵的表达。这些宪法性文件都涵盖了扶助弱势群体，追求社会公正的价值目标。

宪法确立的社会国原则亦与基本权利密切相关。社会国原则体现在公民自由权和平等权、民主过程的公开和社会安全价值等诸方面。社会政策的调整都没能动摇这一原则，立法机关和司法机关在这一原则指引下，不断丰富其法治内涵，为德国建立公正社会秩序打下了良好的规范基础。

---

[1] Frerich/Frey, *Handbuch der Geschichte der Sozialpolitik in Deutschland*, 2. Aufl., 1996, S. 20.

[2] M. Stolleis, *Geschichte des Sozialrechts in Deutschland*, 2003, S. 41.

德意志已有的法治国、民主国和联邦国为社会国划定了界限。社会国原则入宪后的半个多世纪里，德国社会政治经济发生了变化。

2.1.3 州法中的社会国原则

在社会国被写入德国基本法之前，联邦各州已经在本州宪法中规定了社会纲领。巴登符腾堡州《宪法》第43条规定："本州是民主的、社会的人民国家（Volksstaat）"；莱茵州规定"本州是民主的、社会的德意志的成员"；与法国接壤的萨尔地区也宣称自己是民主、社会国。巴伐利亚州在本州《宪法》第3条规定："巴伐利亚是法治国、文化国和社会国。"[1] 这些州宪法规定在更为广泛的范围内规定了各项社会纲领。这些社会纲领包含的要素有：每个人都应该享有最低限度的生存标准、医疗帮助和健康照顾；每个人都能够接受培训和参与文化生活；妇女尤其是母亲应该得到特殊保护；儿童、青少年和家庭都要受到法律的保护等。

德国是联邦制国家，各州宪法并没有按照联邦基本法规定来制定统一的规范。部分州承继了基本法中的社会国条款，柏林在州《宪法》序言中许诺要促进"社会的进步"，北威斯特法伦州致力于"克服现有经济生活中的贫困，促进内部和外部的和平以及所有人的自由、公正和福利"。各州社会方针政策也存在着区别，如汉堡和下萨克森州放弃了对社会国原则的表述。[2]

教育培训、对妇女的保护、工作权、职业培训权和休假权、罢工权以及工人的共决权是社会政策的一部分。社会预护、福利照顾、对失业者的帮助、对中小企业的保护等也都体现公平价值，甚至包括企业改制过程中的公平的财产分配活动。

2.2 社会国原则的规范效力

2.2.1 作为描述概念和规范概念的社会国原则

在德国学术争论中，社会国原则具有高度争议性。多数学者对社会国原则的理解是模糊的，也就很难对社会国原则的定义达成一致意见。虽然无法作出准确定义，但是社会国原则可以在国家对抗生活风险或保障公民最低限

---

[1] Wannagat, *Sozialversicherungsrecht*, S. 40-48.
[2] Bundesministerium für Arbeit und Sozialordnung und Bundesarchiv (Hrsg), Geschichte der Sozialpolitik in Deutschland seit 1945, Bd. 1, 2001.

度的生存和公共救助形式中得以发现。社会国在德国的各项制度中都有体现。"社会保障""社会安全"等概念，社会保险法都是社会国原则的产物，在各项法律中都能寻找到社会国原则的影子。在专门的社会补偿法出台前，国家就已经规定了对战争受害者的补偿。学者们在讨论社会国原则能在多大程度上实现"社会平等"时，德国的劳动法、承租人保护法等已经将平等价值融入法律中。[1] 自由放任经济被看作是导致和增加不平等的原因，政府负有照看国家经济的义务。社会国原则需要对经济政策进行相关调整。

从规范的层面看，联邦德国《基本法》第 20 条规定了社会国原则，但是社会国原则的规范效力及其强度一直存在着争议。依据宪法规范效力学说，宪法条款效力可分为公法权利、制度性保障、宪法委托和方针条款等[2]。方针条款是基本国策中比较抽象、远期和计划性用语，具有宣示性和期待性，是规定国家未来发展方向的条款。宪法委托则需要立法者通过具体立法来规范。制度性保障是指制度的成立与内容受到宪法明文规定，或者由宪法衍生，受到宪法保障。学者一般认为，社会国原则的效力归于宪法委托。社会国原则作为具有法拘束力的客观宪法原则，明确追求社会正义与社会安全，以这两者为价值目标。社会国原则的拘束对象是国家，尤其针对享有具体形成社会政策权限的立法者。为达到这一目标，国家公权力负有积极作为的义务。除非宪法进一步明确目标和实现手段，否则立法者享有广泛的立法形成空间。

立法者将国家设定为给付者（Leistungsträger）角色，国家有责任为公民提供合乎人性尊严的社会经济生活条件。在社会国框架下，国家也可以实行社会互助模式，借由社会组织力量达到帮助弱者的目标。此种情形下，国家定位为保障者的角色。国家在社会国目标下承担的责任将在下文进一步阐释。

2.2.2 国家管控和社会自治视角下的社会国原则

社会问题起初针对前工业时代的贫困者，主要是指封建时期的偏远地区的农民，并非指工厂劳动者。工业革命使社会问题涵盖了农业文明和工业文明，转化为社会性危机。社会性危机比劳工问题包含的内容更广泛。这一概念源于法国，用来指称经济发生重大转变后的社会失序现象。社会国原则的

---

[1] Benda, "Der Soziale Rechtsstaat", in Benda, Maihoffer, Vogel (Hrsg), *Hanfbuch des Verfassungsrechts*, 2. Aufl., 1994.

[2] Papier, "Der Einfluss des Verfassungsrecht auf das Sozialrecht", in *SRH*, Rn. 1ff.

提出即为努力解决发展中存在的非正义问题。

在德国法中，社会国是宪法规定的国家要素，也被理解为国家目标。德国的社会国实际上是介于资本主义和社会主义之外的第三条道路。德国、盎格鲁-撒克逊以及斯堪的纳维亚国家对福利制度的理解存在差异。"社会"因子与国家制度共存。在英美国家，社会保障并不是法律制度中的必然要素，充当补充者角色。在北欧国家，高水平福利保障成为国家制度的特色和标签。但持续高福利反而给社会发展带来负面影响，沉重的财政负担、缺乏社会活力阻碍了这些国家经济的快速发展。德国希望在两者中寻求平衡。虽然国家主义仍然塑造德国社会发展的模式，但是这种体制已经显现出不同的特征。战后德国社会市场经济制度即是明证。而20世纪50年代初期，德国通过了《企业联合垄断法》与《劳资共同决议法》，拓宽了经济民主的内涵，这两部法律被称为社会市场经济的基础文件。这与盎格鲁-撒克逊放任自由主义存在明显的区别。

社会国原则的发展也与德国深厚的社会自治传统相关。德国是联邦国家，强大的州权制约了联邦权力，联邦国家很难制定统一的法律。大量公法人团体激活了极大的社会自治生长空间。扶助性的公益事业和具体细微的社会政策大部分由公法人团体来实施。自治不只存在于地方州和乡镇中，也深植于广泛的社会和经济领域里。社会国原则因而能更大范围地渗透到德国政治和日常生活中去。在英国和北欧国家，社会政策被纳入国家或地方行政管理之下，这些国家也逐步意识到多元主体在治理中的作用。

2.3 宪法层面的社会国原则

德国社会国原则在《基本法》文本出台前已经隐含在德国的历史中了。社会国原则被纳入制度中，使社会国的内容具体化。社会国原则为宪政国家增添了新的内容。

"二战"结束后到1949年，德国由战胜国接管，德国仅存地区性和功能性的机构。在被占领期间，德国反思纳粹政权的战争暴行给全人类带来的伤害，摒弃国家社会主义，确定了建立宪政国家的目标。1945年制定的《基本法》目标是保障人性尊严和人民权利，《基本法》也是一切国家权力来源的基础。《基本法》第20条明确地表明了德国国体，社会国作为宪法原则进入《基本法》规范，社会国成为德国重要的不可更改的国家目标。

2.3.1 社会联邦国

德国社会国原则在《基本法》上沿着两条线展开：国家层面上建立民主的、联邦的社会国；在各州层面建成民主的、法治的、共和的、自由的社会国。其中，民主国、共和国和联邦国都有着特定的含义，社会国概念却没有与国家这一政治实体产生直接联系。在《基本法》中，社会国与其他重大国家目标之间存在着密切的联系，在宪政框架下受到其他国家价值目标的形塑。

德国是社会联邦国，联邦由各州组成，组建统一的中央政府。德国《基本法》第20条规定，德意志联邦共和国，包括中央政府和各个州以建成社会国为目标。《基本法》第30条也规定联邦下的州享有自治权，而联邦政府的管辖则是例外。社会联邦国是社会国原则以特殊的方式回应央地关系，致力于促进德意志联邦的团结。在国家治理中，联邦和州的权力法定，联邦不得随意干涉各州的权力。这种既统一又分立，多样性和整体性兼具的分权样态融贯在社会国原则之中。

德国央地关系必须保持多样性和统一性间的平衡。统一的联邦国家是最重要的国家任务。从早期的德意志联盟和成立的汉萨关税同盟，到北德意志邦联及至1981年建立德意志帝国，德意志民族为国家统一付出巨大努力。到魏玛共和国时期，经济领域的统一始终是德国的目标和任务。德国统一进程首先是各邦的联合，然后才成为一个联邦国家。只有成为统一的国家，人民才能获得有保障的自由。人民可以在统一经济体内充分获得自由发展自己的机会。同样的，最初的立法也显现这种统一的倾向。北德意志邦联社会立法中规定：每一个处于生活紧缺状态下需要获得公共救助，获得和失去住宅救济的德国人都必须被当作一个民族国家的公民来对待。[1] 而德意志帝国成立后，这种理念立刻被南德意志各邦落实。统一的立法更加容易推进社会政策。首相俾斯麦在帝国政治层面开展社会保险立法，即使到了魏玛时期和纳粹统治时代，社会立法始终是在统一国家的层面上施行。

《基本法》对联邦政府和各州提出了要求，但是其仍然不能打破德国统一这一基本政治导向。[2] 相反，联邦政府要对国家经济统一和联邦领地内自由运动负责，所以联邦各州重新在政治和法律范围内提出了社会国原则的新要求。《基本法》第72条第3款规定，"联邦范围内的公民享有平等的生活

---

[1] *Gesetz über den Unterstuetzungswohnsitz vom* 6, juni 1870, BGB1, S. 360.
[2] Isensee, *Staatsrechtliche Grundlagen des Sozialstaatsprinzips*, in Katholische Akademie Schwerte (Hrsg), *Die Wüde der Menschen*, 2011, S. 9.

条件",各州获得同等法律地位是联邦政府在立法中所坚持的原则。联邦政府希望通过税收来调节各州的财政收入,继而希望平衡各州不同的财政水平。税收分配的目的是保持联邦内部均衡的生活水准。在经历"冷战"后,处于不同体制的东德和西德有着差异巨大的经济发展水平,尤其是两德统一后两地截然不同的发展水平引发民众普遍不满。在民主德国和联邦德国统一过程中,联邦政府许诺统一后公民都将获得同等的发展机会。联邦政府甚至采取金融救助的方式来促进"联邦内部不同地区经济水平的均等化"。联邦德国和民主德国重新统一后,联邦政府的管辖权标准又被重新界定。《基本法》第72条第2款规定:"为联邦内全体公民创造同等生活条件,或者捍卫整体国家利益、维护法制和经济统一,联邦政府必须制定法律。"《基本法》上的联邦和州之间仍然存在着一种张力。整个统一体有义务贯彻社会国原则。这种方式肯定了社会国原则的开放性:联邦和各州能在社会国原则下追求各自的目标。社会国原则要求最大限度减少区域间发展和建设的差异,并在实际制度层面上实现这一目标。[1]

社会联邦国为德国发展指明了方向。《基本法》第74条第7项中对难民、被驱逐者、战争受害者、战争伤亡者和家属的扶养、战俘的救济等被视为社会补偿的一部分。对"更多的社会平等"的追求使各州摒弃狭隘的观念,由自治逐渐转向各州事务之间的合作沟通。[2] 20世纪60年代,德国州和联邦的关系呈现出了新形态。1961年,德国联邦《宪法》法院作出了电视案判决,认为联邦各州间经济事务上的合作应当得到法律保障。各州之间的合作改变了联邦政府和州之间的关系,社会政策的执行和社会管理的落实最终以州际的协议、会议和制度等形式解决。1969年,德国《基本法》第91条确认了联邦和州之间以及州与州之间有合作和帮助的义务。[3]

事实上,协会等社会组织也对塑造社会国起着重要作用,弥补了州际合作的不足。协会以两种历史悠久的形式展开。一是特定社会保险机构进行更高水平的统筹,比如商业意外保险和部分公立意外保险能在州际层面统和,但是大部分预护保险则能在联邦层面上统和。二是施行公共救助,对儿童和青年帮扶的协会。这些州的社会性协会合作的过程中必然会出现信息的分享、交换和管理。协会内生出自治需求,并制定统一的政策。比如,1880

---

[1] Schnapp, "Was können wir ueber das Sozialstaatsprinzip wissen?", *JuS* 1998, 873.
[2] Papier, "Der Einfluss des Verfassungsrechts auf das Sozialrecht", in *SRH*, 3.
[3] 德国基本法第91条:"为避免威胁联邦或一邦自由基本秩序或存在之紧急危险,一邦得要求他邦警力及其他行政机关或联邦边境保卫队之人力设备协助。"

年，德意志各州在联邦层面上整合成立了德意志公共和私人社会福利协会。[1] 这个协会最初是承担功能性服务的社会机构，随之成为联邦层面上的救助贫穷者和促进青少年福利的代表性机构。通过兼具社会和行政性质的管理，社会自治组织形式在联邦层面促进社会国家的目标的实现。

联邦和州之间，以及州之间的合作减少内部不稳定因素。当然，德国对联邦主义和统一的坚持也带来了很多问题。推行区域均等化的做法招致部分地方州的反弹，出现了对抗联邦的做法。比如南德的巴伐利亚州是德国经济实力最强的州，根据联邦政府转移支付的相关法律，巴伐利亚州需要在经济上支援原先东德的落后州。这引起该州民众的反对，对德意志联邦的不满是巴伐利亚州出现分离主义趋势的重要因素。该州甚至出现了以从联邦脱离为政治目标的政党。这种分离运动并没有取得进展，德国联邦政府断然不会允许出现国家分裂的情况。这种对抗反映在1994年《基本法》修正案中，修正案对联邦立法权力进行了限制。《基本法》第72条第3款规定："联邦法律可以规定，某项联邦法律规定不具备第2款所指的必要性时，可以由州法取代。"[2] 未来联邦和州之间的角力仍处于此消彼长的情形，州有可能挑战和反对联邦。这也为州和联邦关系提供更多思考的空间。在社会联邦国下，州和联邦依据基本法框架进行法治化治理。

2.3.2 社会民主国

民主国和社会国在德国政治权力架构中有着共同的合法性基础，也即"通过人民的治理"（Herrschaftdurch das Volk）和"为了人民的治理"（Herrschaftfür das Volk）。事实上，只有"通过人民的治理"才能达到"为了人民的治理"的实效。

现代政治理论认为，人民民主是"通过人民治理"的最佳方式。政府的合法性来源于主权在民，代为履行人民赋予的权力。人民一方面希望政府能约束自己的权力，另一方面也希望政府治理能致力于增加人民的利益。国家富强和人民利益的增加有助于政治秩序的稳定，这种方式成功地确认了民主

---

[1] 1880年，根据德皇诏书建立了全德意志公共和私人社会福利协会，负责协调公共和私人机构共同进行社会救济，维持社会稳定。德皇诏书中说，工业化所带来的社会危机，要通过社会福利给予保障。因此该协会认为，它是德国社会福利的先驱。

[2] 基本法第72条第2款："在联邦领域内建立等值之生活关系，或在整体国家利益下为维护法律与经济之统一，而认以联邦法律规范为必要者，联邦有立法权。"

的"形式合法性"。[1] 如果民主机制不能使治理者达成"为了人民的治理"的目的，其统治就不具有合法性。民主作为一种程序机制本身并不催生实质的内容。社会国规范进入民主程序，成为国家意志的一部分，才可能弥补价值空洞并真正实现"为了人民的利益"。民主的目标是善治，善治无法通过单一的制度和程序来实现。为了防止民主演化成为暴政和恣意统治，法治国就成为善治的必要条件之一。民主程序具备当代政治最广泛的基础，但同时也存在价值空洞的危险。在德国的具体历史背景下，社会国为宪法秩序正名并一定程度上消减了合法性危机。

社会国家需要通过立法程序将各种措施具体化。社会国具有开放性，国家意志将各种社会性内容注入法律中去。民主国在吸纳民意上也具备开放性和包容性，在这一层面上两者具有高度统一性。社会国和民主国都是一种程序过程，两者相互辅助和促进，社会国原则对社会平等（尤其是物质上的平等）的追求成为民主国的诉求。

德国的社会民主在经济领域体现为"经济民主"（Wirtschaftlich Demokratie）。"经济民主"和"经济自由"是一对概念，两者体现了经济运行过程中的不同价值。经济民主彰显了德国不同于其他资本主义国家发展道路的原因。经济民主政策是社会国原则对民主国最好的嵌入方式。在德国政党发展过程中，社会民主党在"经济民主"原则推行和实施方面发挥了巨大的作用。

德国经济宪法围绕国家与经济的关系，在"经济自由"和"社会国"之间谋求国家与市场的动态平衡。社会国原则在民主国中最重要的体现是《基本法》确立的社会市场经济模式。社会市场经济制度以德国秩序自由主义为思想基础。"社会市场经济模式"是1947年德国经济学家阿尔弗雷德·穆勒·阿尔马克（Alfred Müller Armack）在欧肯经济秩序理论基础上首次提出的概念。他认为："社会市场经济是依据市场经济规律进行的，以社会补充和社会保障为特征的经济制度。""社会市场经济秩序"是指一种在国家和法律保证下实现完全竞争，以达到社会公平和社会稳定的经济秩序。社会市场经济强调社会政策目标，不是放任不管的自由主义的市场经济，而是有意识地加以指导的市场经济。[2]

社会市场经济是开放的，它的目标是一种自由的、提供社会保障的市场

---

[1] Haverkate, G. 1992, *Verfassungslehre*: *Verfassung als Gegenseitigkeitsordnung*, Müchen, 1992.
[2] 沈越：《德国市场经济探源——多种经济理论的综合产物》，北京师范大学出版社1999年版，第125页。

经济。这种社会保障与市场经济相适应，在追求效率的市场经济中加入了社会公正的维度。"二战"后欧陆主要国家的经济模式都受到这一思想的影响，实现社会公平是社会市场经济制度的重要目标。[1] 个人利益、团体利益和国家利益之间遵守辅助性和团结互助原则。国家对经济活动进行调控，从而使市场上的经济自由与社会公平和社会平衡相联系。

我国《宪法》第15条第1款规定，"国家实行社会主义市场经济"，这也是经济体制的总纲性条款。我国社会主义市场经济体制已经建立，长期以来秉持"发展是第一生产力"，追求效率价值。当前我国经济总量已经高居世界前列，必须致力于矫正经济秩序的缺陷。经济发展的成果应该惠及更多民众，让公民增强获得感和幸福感，在追求效率目标时也兼顾公平价值，真正彰显中国特色社会主义经济制度的优越性。

2.3.3 社会法治国

在现行德国《基本法》中，社会国原则和法治国原则都是宪法目标。社会国原则与法治国原则互相缠绕，密不可分。两者都认为国家负有保障人性尊严的义务，同时致力于发展符合人性尊严的社会秩序。社会国是法治国的发展面向，高度发达的形式法治无法解决价值空洞的难题，在法治发展高级阶段，更需要将实质价值融贯进形式法治中。社会国原则旨在建立更为公正平等的社会秩序。这一价值目标与法治追求不谋而合，由此，社会国原则作为国家目标产生积极意义。德国作为法治国家，调整任何社会政策都必须在法治的框架下进行。社会国原则还必须落实到立法政策和司法判决中去，通过规定公民单项权利来促进这一目标的实现。[2]

虽然社会国和法治国在目标上有重合之处，但两者也存在内在冲突。法治国要求法律具有稳定性、确定性、信赖利益等特征，这与社会国具有的开放性、指导性特征相冲突。基本法确立了社会国原则的合法性，但在合理性论证上法治国和社会国出现裂缝。这是因为社会国的政治属性更强，其目的在于促进社会进步和社会弥合。而法治国的主要价值是通过规定基本权利的方式来保障个人的自由权，以此对抗恣意的政治意志。社会国原则的具体内涵是随情境发展变化的，这与法治的稳定性要求相违背。20世纪50年代德国学术界展开了关于两者关系的论争后，社会国与法治国之间的张力在学理

---

[1] [德]何梦笔主编：《秩序自由主义》，董靖等译，中国社会科学出版社2002年版，第25页。
[2] Forsthoff, *Begriff und Wesen des sozialen Rechtsstaats*: *Die auswaertige Gewalt der Bundesrepublik* (Heft 12), Berlin.

上已经得到缓和。而政治色彩浓厚的社会国原则被法治国深深形塑，最典型地体现在对德国基本权的塑造中。[1]

社会国原则首先是作为宪法委托的形式出现的，最主要的实践是立法者通过一系列社会立法建立起基本框架。德国联邦宪法法院在司法领域发挥了强大的法律续造作用，通过一系列有影响力的判决将社会国原则纳入基本权利教义学。

2.4 社会国原则的内涵

社会国作为德国独特的国家目标和宪法规范，这一原则有其深厚的法理基础。社会国原则脱胎于"二战"前的国家法学，与德国的精神史传统密切相关。

德国《基本法》第1条规定"人性尊严神圣不可侵犯"。人性尊严在德国所有宪法价值中占据最重要的地位，一切国家权力都要服从人性尊严。社会国原则的价值基石是人性尊严条款。社会国是德国基本法设定的重大目标，其重视对社会最弱势群体的帮助和"个人人格的自由发展"。两者都是将人当作主体，致力于人的尊严维护。法治的价值序列中包含公平、平等价值，社会国原则突出强调平等价值。在形式平等和实质平等，一般平等和特殊平等的对比中可以看到法的价值优先性的演进。作为宪法原则，社会国原则不仅需要维护形式法治的基本要求，更必须体现实质法治的价值内涵，力图在合法性和合理性中求得平衡。社会国原则推动社会分配更加公平公正，也能弥合社会各阶层之间的张力和裂痕；促进社会各阶层的团结和广泛的社会参与。

2.4.1 "人性尊严"作为价值基石

德国《基本法》第1条是"人的尊严不可侵犯，尊重和保护人的尊严是一切国家权力的义务"。这条规定是德国基本法效力最高的条款。与其他国家相比，德国是唯一将"人的尊严"放于至高无上地位的国家，这与德国漫长的精神史相一致。基本法又规定对基本法条款的修改不得影响第1条和第20条所规定的原则。"人的尊严"条款和德国基本法对国家形式的规定成为基本法上的最高价值，不受基本法修改的限制。这两条法律规范确认了"人

---

[1] Fechner, Erich, *Freiheit und Zwang im sozialen Rechtsstaat*, Tübingen, 1953.

性尊严"受到基本法保护,并且是其他基本权利的基础。事实上,将"人的尊严"列入基本法开创了宪法上的先例,德国基本法如此重视"人的尊严"与德国历史和传统密不可分。人的尊严保护事关人的形象的确定。基督教对人的尊严论断、启蒙时期对人的重视和尊严保障、康德道德哲学中对人的价值的拷问以及晚近的思想家卢曼关于人的结论都呈现出德国法中"人的形象"(Menschenbild)的多面性。[1]

德国有着深厚的基督教背景,在基督教教义中上帝按照自身的形象创造人,人由于与上帝的同构具有尊严,这是"人的尊严"条款的宗教基础。启蒙运动时期,思想家第一次发现了"个人",人本主义思想高扬人的精神,发掘了人的价值,尊重人的理性和人性,与中世纪相比人的地位大幅提高。正如康德所言,"启蒙运动的重点,即在于使人摆脱加之于自身的不成熟的状态,不是将人仅仅看作机器而已,而是按照人的尊严去看人"[2]。康德本身关于"人是目的,而不是手段"的哲学观念昭示着人的最高价值,一切工具性存在都必须服务于人本身。[3] 这种思想在《基本法》第1条中有所展示,亦即"所有国家权力都必须服务于人的尊严"。德国学者君特·杜瑞希(Guenter Duerig)认为人的尊严存在的基础在于人具有心智(Geist),这种心智能使人摆脱非社会性的僵化思考,彰显人的神性和智性光芒。个人能依靠自己的能力获得对自我的认知,并自我主宰和自我发展。[4] 德国公法大家克劳斯·施坦因(Klaus Stern)指出人格尊严属于每个人及其价值所期望达成的基本构成,是个人本质上不可放弃的要素,正是在这种人格尊严的前提下人类才能获得自由发展的机会。[5]

"二战"后基本法将人的尊严置于最高地位是基于对"二战"中纳粹统治的深刻反思的时代背景。纳粹统治时期德国对犹太人大规模屠杀,强迫其劳动,对残疾人残酷对待,使其人性尊严丧失殆尽。纳粹对个人生命和身心的摧残和践踏使德国法学界在面对惨痛的历史教训时深刻反思,为避免悲剧重演,必须在基本法中落实对人的尊严保障。一切国家权力都必须服从于人

---

[1] 李忠夏:《人性尊严的宪法保护——德国路径》,载《学习与探索》2011年第4期。
[2] [德]康德:《历史理性批判文集》,何兆武译,商务印书馆1991年版,第29页。
[3] Zwar einen solchen, an dessen Statt kein anderer Zweck gesetzt warden kann, dem sie bloss als Mittel zu Diensten, weil ohne dieses überall gar nichts von absolutem Werte wurde angetroffen warden.
[4] Duerig, Guenter: Verfassung und Verwaltung im Wohlfahrtstaat. Juristenzeitung, Tuebingen, 8 (1953), S. 193.
[5] Hans F. Zacher, "Das soziale Staatsziel", in Handbuch des Staatsrechts, hrsg. v. Josef Isensee und Paul Kirchhof, Bd. II, 3. Aufl., Heidelberg, 2004. S. 670.

的尊严。

从规范的层面上看，人性尊严高度抽象性和理论化的特征使其内容难以确定。联邦宪法法院在司法判例中将"人性尊严"与基本权利联系起来，通过对宪法规范进行法教义学解释来廓清人的尊严保护的边界和内容。在司法实践中，"人的尊严"条款并不会单独成为请求权的基础，其往往与其他基本条文联系在一起。在众多司法判决中，人性尊严条款更多的是与社会国原则联系在一起使用。实质上，社会国原则对现代国家提出新的国家任务。这项任务中国家给予社会弱势群体以必要的社会给付，促进全体人民的平等，立法者要努力维持社会衡平，消除社会中存在的差异和冲突。这些任务的最终目的就是国家应为人民提供具有人格尊严的基本生存保障（Menschenwürdiges Existenz-minimum）。

人的尊严是社会国原则的价值基石，同时也为其保障边界提供了最低限度的参考。对人的生存保障必须能够符合人格尊严，而法律上的人格尊严保障的效力也及于对社会国最低要求的保障。当具体的个人成为法律贬抑的对象或成为数量上的可替代物时，其人格尊严已经遭受严重侵害。在现实生活中，公民在陷入低于最低生活水平的境况而无法凭借自身能力改变这一状态时，即面临失去个体尊严的风险。此种状态下，个人人格尊严已经受到侵害，更不可能有人格自由发展的可能性。[1] 在德国司法实践中，对于人们是否享有宪法上的广泛的社会给付请求权，学者大多给出了否定的回答。但是公民在宪法上的最低限度请求权作为一项特例获得学者承认。最低生存保障请求权的宪法规范就是基本法关于人性尊严之保障条款以及社会国条款。在基本权利理论中，人性尊严之尊重与保护是国家义务，而且这种保护义务已经显现出客观法面向（objektive-rechtliche Grundrechts gehalte）。在法律体系中，社会救助法成为实践最低限度生存保障的实在法依据，成为德国社会国原则与维护人性尊严的最佳范例。

"最低限度生存保障"连接社会原则与"人的尊严"，其包括国家防止积极侵害人民生存的行为，并发展出请求国家积极采取措施提高人民生活的权利。在权利面向上，人格尊严在国家给付上的具体表现是"生存权"。

社会国的责任在于满足每个公民的生存必需。18世纪中期开始，德国乡镇或社区就制定帮助穷人的自治规则。这满足了最低层次的个人基本生存需

---

[1] Zacher, Hans F, *Sozialpolitik und Menschenrechte in der Bundesrepublik Deutschland*, Muechen - Wien, 1968, S. 56.

求，国家立法也承认这些规则的合法性。到19世纪时，这种责任转移到国家层面。政治共同体通过社会救助的方式来完成最低限度生存保障。德国《社会法典》第9条规定："每一个不能依靠自己的能力来维持基本生计且不能获得足够帮助的人都有请求国家给付个人的或经济上的帮助的权利，通过这种国家扶助能满足其特别的需求，通过救助使其再次获得生存能力，能够参与共同体生活并保障一个有尊严的生活。"而在确定竞合立法权对象时，《基本法》第74条第7款将"公共救济"归入其中，这一条款成为社会救助的规范基础。

社会国原则并不意味着全能国家。社会国要求每个成年人都可能通过自己的努力来支撑自己和家庭的生活。个人应该对自己承担首要责任，政治共同体对个人有尊严的生活所负担的责任是第二位的、辅助性的。人民珍视自由价值，只有当社会扶助无法实现或者个人无法通过自我救助的方式来获得自身发展条件时，国家干预才有施行的空间。在国家责任和社会自治的互动过程中也出现张力。一方面，国家的责任必须处于辅助性的地位；另一方面，社会救助又必须为出现的问题负责。典型的对公民的救助表现在就业上。法律明确规定了"工作权"。《基本法》第12条第1款强调了公民自由选择职业和工作地点的权利，这确保了商业社会公民的迁徙自由和工作自由。"工作权"是基本法必要的政治纲领。在发达工业社会劳动分工更为明确，个人成为行业发展的一个环节。职业化和专业化发展的同时也会带来失业压力。发达欧陆国家正是通过社会国原则构建起基本保障网，每个人可以有能力通过工作来获得收入，负责其自身生活。[1] 社会国另外的关照对象是家庭，特别是养育儿童的家庭，对特殊群体如儿童、母亲给予社会保护和促进措施。[2]《基本法》第6条第1款规定，"婚姻和家庭受基本法保护"。如果个体和家庭提出特别的要求，国家还必须提供人民"生活必需的财产""住房""疾病护理"和"照顾"等。[3]

在社会国中，自我负责优先原则使社会关系得以有效地运行。社会国从四个方面保障自由价值不受侵犯，个人自由不会受到减损。第一个方面是人有机会保障自身最低限度的生存，能够获取、利用特定的财产。《基本法》第14条规定保障公民基本财产权。第二个方面是国家给予社会自我生长的

---

[1] Hans Zacher, "Sozialstaat und Recht, Grundlagen-Entwicklung und Krise", in *VSSR* Bd, 11, 1983.
[2] Diether Posser und Rudolf Wassermann, *von der buergerlichen zur sozialen Rechtsordnung*, 1981, S. 131.
[3] 德国社会法典具体规定了国家对人民的照顾义务。

空间，同时也能建立稳健的市场经济秩序，个人能够凭借自身才智和能力参与分配社会资源。第三个方面是个人以独立的身份参与社会共同体的建设中。基本法第9条第1款规定的结社自由保障了这一可能性。第四个方面是国家不能是全能国家，不能妨碍其他力量对公民扶助。除了政府救助外，国家鼓励其他组织和个人的救助形式，充分给予社会力量成长的空间。

2.4.2 社会国原则与社会平等

平等是人类社会一直以来追求的目标，同时也是法治主义的价值之一。对平等的追求是所有社会运动最普遍和最深层次的动因。在制度变迁中，各种社会运动都宣称其追求平等，平等几乎被视作某种意识形态。从18世纪到20世纪，平等价值获得思想家和实践者的关注。

现实生活中，人们对"社会平等"的直观想象首先反映在人与人之间的政治地位和财产状况的强烈对比。这种唯物史观反映了对平等的渴求与当时当地的社会状况相关联。欧洲早期通过废除农奴制、削减税赋等手段解放个人，打破个人束缚来追求更高阶的平等。进入现代工业社会，资本家和劳动者的不平等，富人和穷人的不平等则成为新的不平等表现形式。在德国法语境中，对"劳工问题"和"社会问题"的诉求贯穿对社会平等的渴望。[1] 第一次世界大战更加重了这一状况，魏玛时期的德国陷入了政治和社会关系的多重困难的境地。小农、垦荒者、农村雇工、承租人、多子家庭、母亲、儿童、青少年和战争受害者等成为社会中的弱势群体。当经济秩序无法展现平等价值时，就会导致更多社会不平等现象出现。

平等原则在法治领域的首要表现是"法律面前人人平等"。德国在减少社会不平等现象上作出很多努力。比如劳动法规定的职业培训，对承租人和雇工的保护，消费者保护法等。国家通过对弱势群体的照顾、青少年促进措施增加平等份额；借助价格调控、特定地区能源和交通问题的强制缔约手段达到对公民财产和服务的保障。利用税收和财政政策矫正社会不平等；通过对财产的社会化和征收减少经济不平等。[2] 以上社会衡平措施在法律上补强了处于不利经济和社会地位的公民。德国《基本法》第3条明确规定了一般平等原则，也规定了例外情形：男女有平等之权利，国家应促进男女平等之

---

[1] Zacher, Hans F, *Soziale Gleichheit, Zur Rechtsprechung des Bundesverfassungsgerichts zu Gleichheitssatz und Sozialstaatsprinzip*, Archiv des Öffentlichen Rechts, Tübingen, 93, 1968, S. 341.

[2] Schreiber, Werner, *Das Sozialstaatsprinzip des Grundgesetzes in der Praxis der Rechtsprechung*, Berlin, 1972.

实际贯彻，并致力消除现存之歧视；任何人不得因性别、出身、种族、语言、籍贯、血统、信仰、宗教或政治见解而受歧视或享特权。任何人不得因其残障而受歧视。《基本法》第 6 条规定，"每个母亲都享有受社会照顾和保护的权利"。同时，婚生子女和非婚生子女处于同等地位，国家有义务为两者创造和提供相同的社会发展环境，尤其针对弱势的非婚生子女，国家有义务促进其健康成长并全面发展。《基本法》第 33 条第 2 款规定了"每个人都有同等获得国家公职的机会"，同样，在基本权利和财税宪法中也规定了对不平等的矫正措施。

社会平等的目标不是绝对平等和平均主义，对极端平等的追求注定无法实现，同时会导致极权国家的出现。平等的认识总是随着历史进程的变化而改变。社会运动的目标总是希望获得更多的平等利益。在价值多元的社会里，平等总是与自由之间存在着张力，这样的张力往往由当时的社会发展状况所形塑。自由的法治社会只能在法律范围内赋予每个人平等发展的机会，但仍然存在不平等后果的可能。政治家往往会选择更为务实的方案，也就是实现"更多的平等"而非"完全的平等"。[1] 更多的平等为实现公民的社会自由提供了条件。事实上，自由和平等这一共生概念间的张力是通过自由权来塑造和达成的。基本法保障培训自由、职业自由、保有私人生活的自由、言论自由、集会自由和结社自由、请愿权以及对公民诉讼权利，这都能在一定程度上克服不平等。尤其在集体利益与个人利益博弈时，自由与平等间的冲突显得更加复杂。基本法规定确立制度性平等和矫正的平等来平衡两者关系。对平等的追求绝不是国家专属的权力，高度发达的社会自治也有助于平等价值的实现。社会自治能提升多元化治理水平，社团和组织的活动为个体发展提供更好的平台和条件，赋予个体更多展示和发展自己的机会，这有助于实现事实平等和结果平等。

2.4.3 社会安全和社会补偿

法治是良善的秩序之治，对秩序和安全的追求是法治的重要价值。德国法中的专有的"社会安全"（Soziale Sicherheit）所要应对的就是失序的社会。不同历史时期社会安全针对的内容不一样。现代文明高度发达，人与人、组织和国家的关系更为复杂，社会面临的安全风险越来越高。正如德国社会学

---

[1] Zacher, Hans F, Soziale Gleichheit, Zur Rechtsprechung des Bundesverfassungsgerichts zu Gleichheitssatz und Sozialstaatsprinzip, *Archiv des Oeffentlichen Rechts*, Tübingen, 93, 1968, S. 379.

家乌里希·贝克（Urlich Beck）所言，现代社会是一个"风险社会"，充斥着社会性风险和个人性风险。社会性风险所映射的是制度性风险，个人性风险是指私人生活中存在的风险。[1] 公民个人不仅要承受现存制度上的不平等，"生活的风险"使这种不平等进一步扩大。贝克教授的著名命题是：工业社会的核心问题之一是财富分配机制以及改变不平等。缓解伤害和分配风险是风险社会的核心问题。风险社会必然会形成一种新的风险文化，也呼唤着一种责任共担的风险价值。生活风险包括工作收入锐减、生计无法维持、需要采取特殊的医疗措施等。除此之外，疾病、失去生存能力、年老、抚养人死亡和失业等都是个体必须面对的风险。德国历史曾一度将社会保障法体系分为三个方面：预防措施（Vorsorge）、照护措施（Versorgung）以及救济措施（Fürsorge）。早期德国的社会预防制度（sozialvorsorge），就是为了克服个人生活中无法预计的"生活的风险"。19世纪，社会预防制度已有了突破性的发展，其主要针对公务人员，将养老金、薪酬、社会预护等社会给付糅合在一起。这种针对公务人员的保障形式无法推广到更广泛的群体，更遑论劳工。这种依据身份进行给付的制度并不能真正体现公平性。直到1881年德意志帝国诏书颁布，政府才最终将工作关系与保障制度相分离，私法意义上的社会预防制度与公法意义上的社会预防制度连接起来。[2] 设立社会预防制度是出于被保障者的需要，也取决于其职业性质以及支付能力。这种制度保障了参保者的生存状况，也降低了生活风险，维持公民最低限度的生存条件。它不仅满足了德国社会国原则的目标和要求，而且还拓宽了保障的范围。社会预护制度最大限度地兑现国家对人民所作出的政治承诺。社会预护的标准依据公民工作的年限来计算，而不是根据个体具体确定的需求来计算，也体现了社会安全的价值理念。可以说，"社会安全"也是"法律上的安全"（Rechtssicherheit），这重意义上社会国和法治国有了进一步的连接。社会预防制度是社会保险制度的重要组成部分。它除了能让公民对抗生活中的风险，也能应对发达国家出现的低生育率和人口负增长。社会保险制度的"托底功能"使战后的德国能迅速地从衰败期过渡到经济飞速发展的黄金时期。在国家和社会二元结构中，社会预护制度对维护传统家庭伦理和价值发挥了更加重要的作用。其基本功能是为家庭成员提供保障，家庭成员的角色定位发生了变化。作为家庭成员的个人不需要再强调其供养家庭的职责，甚

---

[1] [德] 乌里希·贝克：《风险社会》，何博闻译，译林出版社2004年版，第123页。
[2] Bogs, "Die Einwirkung verfassungsrechtlicher Normen auf das Recht der sozialen Sicherheit", Verhandlungen des 43, Deutschen Juristentages Bd. II/G, 1960, S. 5ff.

至可以由家庭供养者变为家庭领导者，个人从家庭中解放出来，也可以更加自由地发展自己的人格。

法律制度除给予个人因"生活的变迁"（Wechselfalle des Lebens）所需的帮助和保障外，还需要对特定的群体承担社会衡平责任。为了共同体利益，个人遭受其他人不需忍受的牺牲时，国家就必须对这种伤害进行补偿。1794年的《普鲁士邦法》序言的第74条和75条就对社会补偿作出了相关规定。[1] 早期国家补偿的范围仅限于因为政府干预导致的公民财产损失。第一次世界大战后国家补偿的范围扩大到战争受害者，"二战"之后国家补偿法律涵盖了在战争、国家征收中的受害者。基本法涵盖的社会补偿部分包括战争伤害、因战争导致的伤害和纳粹政权导致的伤害。

除了制度层面的探讨外，关于社会国原则必须涵盖三个方面的正义：需求正义（Bedarfsgerechtigkeit）、给付正义（Leistungsgerechtigkeit）以及占有正义（Besitzstandsgerechtigkeit）。[2] 社会国原则不能减少三者中的任何一种价值。在法治国家下，个人没有获得法律上的足够给付会引发整体的社会运动。国家要求克减人民的需求，就会演变为极权国家。社会国原则必须厘清这三者间的优先性，并在三种正义中寻求平衡。

2.4.4 促进财富增长和提高分享水平

当代政治国家的合法性来源之一是积极发展经济，促进社会财富增加。公众发起的政治运动总是指向两个目标：增加公民自身财富，更大程度地参与社会财富分享。更多社会分享要求政治共同体担负对抗贫困的责任，以及对平等的诉求。基于工业革命以来世界各国财富总量大幅提升，公民要求增加社会福利也是题中应有之义。国家权力合法性来自人民，国家的税赋也须用之人民，人民有权力要求国家提供与整体社会发展水平相适应的福利。

亚里士多德将正义分为分配正义和矫正正义。分配正义要求国家在社会成员间就社会公共资源的分配进行具体规则设计，这些规则通过法律程序确定下来并满足个体生存的需要。初次分配正义中产生的问题则由矫正正义来

---

[1] 第74条的规定是，"Einzelne Rechte und Vortheile der Mitglieder des Staats müssen den Rechten und Pflichten zur Beforderung des gemeinschaftlichen Wohls, wenn zwischen beyden ein wirklicher Widerspruchen eintritt, nachstehn"。第75条的规定是，"Dagegen ist der Staat denjenigen, welcher seine besondern Rechte und Vortheile dem Wohle des gemeinen Wesens aufzuopfern genothigt wird, zu entschadigen gehalten"。

[2] Zacher, *Freiheit und Gleichheit in der Wohlfahrtspflege*, S. 99ff.

予以修正。矫正正义是对社会分配中出现的不公平正义的现象进行纠正的措施，这些措施旨在维护一个有向心力的社会。社会国致力于提高公民参与及分享程度也是法理上分配正义原则的体现。

德国在"二战"后致力于社会国建设，在宪法上透过社会国条款完成了提供社会福利水平和分享水平的双重目标。这也使得"社会"一词有了具体内涵。建立和完善社会救助和社会促进系统能使个人拥有更多的平等机会。德国法中对特定对象的儿童津贴、青年救助、工作培训、职业促进和住房津贴提升了公民参与和分享社会分配的水平。同时，德国法律在职业培训、公民健康和租房等方面也给予弱势群体一定程度的救济和帮助。[1] 一国经济政策的指针是促进经济繁荣和自由竞争，针对弱势群体救助的法律违背了经济学上的效率价值，但是这些社会性法律对产权保护和经济秩序的稳定发挥着不可或缺的作用。

德国的社会救助和社会促进给付体系在社会国建设的过程中发挥了核心作用，基本法还通过其他宪法规范推动社会平等的发展。《基本法》第15条规定了国家对经济所担负的责任和政府禁止经济权力的滥用。这种经济秩序不同于放任自由的竞争模式和计划经济模式。在法治框架下的独特的社会市场经济制度努力在经济增长和总体经济目标中寻找平衡。社会国原则的双重目标间接地对基本法上的自由权实现起到非常重要的作用。社会总体财富的增长能解决社会贫困的问题，为个人实现自由权提供更多的可能性。

德国逐步建立的社会保障和转移支付制度缩小了社会贫富差距，避免供给和需求之间不平衡造成的经济危机，缓解了社会矛盾。放任自由的经济秩序和社会市场经济追求的价值目标包括富裕、自由、安全、平等、社会救济等，但社会市场经济优先考虑秩序价值。社会市场经济制度成功地为社会国的建成打下了良好基础。在社会市场经济制度中遵循财富的生产和分配必须最大可能地依据市场经济的分配原则。国家的任务是确保合法的经济竞争秩序和企业垄断地位的形成。在市场经济里，财产的生成和分配要在民主法治的原则下进行。财富的积累和分配同时必须致力于对社会安全、经济增长、全民福利的增加和分享水平的提升。经济增长还需促进就业，增强社会稳定性和凝聚力，减少区域间、阶层间、行业团体间的差距。

除了经济制度上奉行社会市场经济模式以外，德国行政法学家恩斯特·福斯特霍夫（Ernst Forsthoff）教授提出的"生存照顾"（Dasein Vorsorge）也

---

[1] Friedeburg Weltz, *Altersbild und Altersvorsorge der Arbeiter und Angestellten*, 1958.

与社会国的目标密切相关。社会国和"生存照顾"都有共同对抗贫困的目标，但是社会国仍然致力于促进国家富裕。福斯特霍夫教授在《行政作为给付主体》一文中认为，由于农业社会向工业社会发生转变，人民由原先依靠农业社会自给自足的生活转向依赖国家和社会团体提供的服务来生存。他认为满足人民生存和生活需求的一切给付措施都是生存照顾。德国以自由、民主、法治作为价值信条，国家权力的所有正当性来源于对人民基本权利的保护。公民要求的生存照顾是基本权利的体现。国家应担负起生存照顾之给付行政责任，人民由此享有分享请求权（Teilhabe anspruch），可以向国家要求提供特定形式的生存照顾给付。因此，生存照顾确实与社会国原则在目标上具有一致性。社会国原则要求个人通过自己的工作收入来满足生存，但仅有工作收入无法充分满足个体发展的需求，社会国要求采取措施去弥合个体能力与所需花费之间的矛盾。国家通过分配机制（如价格调控）或对社会财富的再分配机制（如住房补贴和教育补助）进行干预来完成这一过程。[1]

小　结

"二战"后，社会国原则正式写入德国《基本法》，成为其价值主轴。从法学发展的角度看，社会国原则呼应了实质法治发展的高级阶段。在法治发展理论中，形式法治伴随着自由资本主义的崛起而产生，但形式法治的局限性决定其无法填补实质价值的空洞。在法治发展的高级阶段，多元社会价值期望通过法治程序进入国家价值序列中。德国在自由资本主义下建立的是自由法治国家，而资本主义自身缺陷要求法律进行变革。社会国原则的提出就是为了缓解自由法治国的合法性危机。"二战"后，西方各国社会法的兴起正是社会法治国的注脚。作为后起的法治国家，我国当然可以向最为先进的法治状态迈进。在2011年宣布建成社会主义法律体系后，我国着手大规模社会法制建设。

挖掘社会国原则产生的政治背景有助于正本清源。在德国基本法草案中，关于社会国原则的争议就体现了社会国和法治国之间的张力。而在基本法方案的竞争中，社会国代表了德国社会发展走向而得以载入基本法。在联邦制下，社会国在联邦层面和州层面的体现也不一样。联邦德国和民主德国

---

[1] Soziale Umverteilung, Mitteilung 1 der Kommission für Dringliche sozial-politische Fragen, ohne Jahr（1964），S. 29ff.

在经历分离后再度统一，但社会国实现的程度却因为东德和西德社会经济发展落差而大不相同。虽然联邦在整体层面予以统筹，但冷战阴影并未消除。巴伐利亚州要承担对西德庞大的转移支付，州内部要求脱离联邦自治的声音从未消弭。德国在联邦和州的权限划分上做到了因地制宜，这对我国建设社会保障国家也是一种启发。在地方和中央关系上，做到中央和地方一盘棋，在保持中央权威的同时也能给予地区相应的自主权，同时，平衡地区间的裂痕是考验国家治理能力的重要方面。我国是单一制国家，实行中央统一集权，地方政府的权力由中央政府授予，接受中央政府的统一领导。社会主义制度还具有体制优势，能集中力量办大事。但由于特定历史等原因，我国存在较为严重的区域发展不平衡不协调的问题。在改革开放过程中，我国实行"让一部分人先富起来，先富带动后富"方针，在政策和资源上向东部沿海省份倾斜。东部沿海省份成为国家经济腾飞的引擎，并实现自身跨越式发展。在一段时间内，我国东部中部西部发展呈现较大差距。城市在发展过程中从农村汲取大量资源，导致了城乡二元分割的现实。社会主义国家的性质要求以人民为中心，制度设计必须增强最广大人民的获得感和幸福感。我国推行一系列重大战略部署，包括西部大开发战略、中部崛起战略、振兴东北战略，力图推进地方整体平衡发展，带动全民共同富裕。党的十八大以来，我国推进精准扶贫攻坚，到2018年年底贫困人口减少至1000多万。到2020年我国将全面进入小康社会，人民生活全部达到小康水平。小康路上一个都不能少，这是社会主义国家最本质特征的体现。

社会国原则除了与基本法上的联邦国和法治国相关联外，还与民主国原则相结合。德国有着完备的议会民主制度，但社会民主最具特色的制度体现是经济民主，也即社会市场经济模式。不同于自由资本主义的残酷竞争，社会市场经济试图在自由和秩序中寻找平衡，集体协商的方式使劳资双方的斗争也带有一丝温情。我国在20世纪60年代出台的"鞍钢宪法"就已经进行了经济民主的试验，"两参一改三结合"的管理做法调动了工人积极参与企业经营管理活动的热情。[1] 从"两参一改三结合"的文本上来看，"鞍钢宪法"所表达的，主要是一种要在企业的生产经营、技术管理中充分实现全员参与，尤其是让普通劳动者能够参与到企业管理中来的理念，这正是经济民主思想的体现。"两参一改三结合"的落实，直接表现为管理民主、决策民

---

[1] "两参一改三结合"是指干部参加劳动，工人参加管理；改革不合理的规章制度；管理者和工人在生产实践和技术革命中相结合。

主。在"工人参加管理"的情况下,管理者个人决断的局面将被终结。员工将对企业的决策将拥有发言权、公开质疑权,甚至否决权。技术民主和劳动民主也是经济民主的重要组成部分。在企业的技术决策、技术更新、技术进步中,工程技术人员、管理者和工人在生产实践和技术革新中相结合的模式,将更能充分发挥设计、管理、操作实施等各个环节的特长。"工人身上多少汗,领导身上多少汗。"干部必须坚持到生产第一线参加劳动,这必然有助于一线劳动者劳动条件以及劳动安全状况的改善。"鞍钢宪法"中蕴含的经济民主精神与德国经济民主有相似之处。在全球化竞争中,中国企业要提升自己公司的治理水平,也需要吸收和采纳内部各个主体的意见和建议,发扬经济民主。

　　社会国原则是变动的,亦是不断充实和发展的,无法用一句话精准地概括其具体内涵。但是自入宪开始,通过制度实践和理论发展能勾勒出其具体内容。社会国原则契合德国基本法最高准则"人性尊严"条款,在保障公民最低限度生存权上暗合最高价值。其也与法治的平等价值密切相关,借助促进措施力争达到起点意义上的平等。这也是形式平等向实质平等迈进的一大步。社会国原则还包含社会安全和社会补偿,这是针对"二战"期间德国的战争受害者而言。这个制度有效解决了战争遗留问题,对抚慰和鼓舞物质与精神受到巨大创伤的德国人振奋士气、摆脱阴影具有重要作用。站在社会分配的角度看,社会国原则具有增加总体社会财富,提高个人分享社会成果的意义。"二战"后,德国经济快速增长,成为欧洲第一大国,而德国公民也享受到越来越多的社会给付成果。我国在新时代提出了全面建设小康社会的目标,且提出让人民有更多获得感,促进社会公平正义,使人民共享改革发展成果。这些政治话语的内核都与社会国原则有着相似性。可以说,我国也面临类似"德国时刻",需要政治家及时作出政治决断,在宪法层面上积极阐发理论资源。

第 3 章　社会国原则在基本权理论中的争论

社会国原则是有争议的宪法原则。在 20 世纪 50 年代到 70 年代，德国学者围绕这一原则展开了激烈争论。最终社会国原则在基本法上的合法地位确立下来，德国学者也总体上认可社会国原则的法治内涵。社会国原则扩展了德国传统基本权利体系，在自由权之外开释出国家积极给付的社会权命题。社会权成为 20 世纪出现的新型权利，契合了 20 世纪的福利国家或给付国家背景。社会国更进一步保障公民权利。

3.1　社会法治国获得德国法承认

自《基本法》制定以来，关于社会国原则的学术论争就未中断过。1949 年到 1959 年，德国国家法学者会议讨论的中心议题就是社会国原则。在德国波恩召开的"社会法治国概念和本质"会议围绕这一基本原则进行讨论，同样也有关于《基本法》第 20 条中的"社会"一词概念的理解。十年间德国学界大量的文章和论著谈到对"社会法治国"的理解。社会法治国成为联邦德国的本质特征之一已经成为共识。

一开始，学者对社会国性质并未形成统一意见，学者对社会国原则有多重定义和描述，包括"宪法解释""基本原则""规则""命令"和"假定"。这些表述对社会国原则所作的解释并没有本质上的不同。到了 20 世纪 50 年代末期才形成了今天所讨论的共识。学者们分别就这一问题发表自己的见解。

3.1.1　伊普森教授谈社会国原则与社会经济问题

德国国家法学者对社会国原则有着截然不同的认知。这些学者中以汉斯·皮特·伊普森（Hans Peter Ipsen）教授和沃尔夫冈·阿本德罗夫（Wolfgang Abendroth）教授的观点最有代表性。

在1951年发表的《征用和社会化》一文中，伊普森教授谈到其对德国战后严峻的政治、经济和社会问题的思考。[1] 在这篇文章中，他首次把社会国原则作为思考社会秩序的起点，并对这一基本法条款进行了解释。伊普森教授认为社会国原则是"基本原则"。《基本法》第14条规定：一、财产权及继承权应予保障，其内容与限制由法律规定之。二、财产权负有义务。财产权之行使应同时有益于公共福利。三、财产之征收，必须为公共福利始得为之。第15条也规定：土地与地产、天然资源与生产工具，为达成社会化之目的，得由法律规定转移为公有财产或其他形式之公营经济，此项法律应规定赔偿之性质与范围。

在《基本法》的公民基本权利部分，第14条和15条"财产权"中对财产权限制的条款最明显地体现了社会国原则。在哥廷根的一篇演讲中，伊普森教授阐释了对基本法第14条和第15条的看法："基本法中关于社会国的决定不是关于经济衰退的一种妥协或者对于未来无约束力的预计，它实际上是国家对社会秩序的一种任务和责任。社会国对于当下的德国具有十分重要的意义。它弥合国家与社会之间的裂痕。只要基本法理念和自由法治国所确立的形式法治不相违背，则社会国目标不会成为国家建构社会秩序的障碍。"[2] 教授认为社会国原则表明了国家对社会秩序应尽的义务。这一观点承继了国家主义传统和秩序自由主义的基因，强调了这一目标对社会秩序形成的重要性，将社会国纳入《基本法》能够深化和拓宽社会秩序。

社会国原则深度重塑社会秩序，对宪法上的财产权产生很大影响。财产权是公民重要的基本权利，是其他权利展开和发展的基础。在民主德国与联邦德国分离期间，基于社会意识形态的差异，民主德国曾经大规模征用公民财产并不给予任何补偿，这是极权政治带来的恶果。民主德国甚至一度将全民所有制纳入国家经济范围，这与资本主义法律长期信奉的个人主义财产权理念相去甚远。而联邦德国作为"二战"战败国，也面对拆分经济和去纳粹化的命运。考虑到建设社会国家的整体政策，德国宪法反思财产权和经济秩序，要求对其进行必要的限制。

为了免除公民对于财产权的忧虑，学者认为有必要重新解释《基本法》

---

[1] Hans Peter Ipsen (1907 – 1998), Ipsen trug 1951 zum Thema "Enteignung und Sozialisierung" vor.
[2] *VVDStRL* 10 (1951), S. 74.

第 14 条和第 15 条。[1] 出于经济、政治和社会改革的原因,《基本法》否定了第 139 条非纳粹化条款"'为破除国家社会主义和军国主义,解救德国人民'而制定的法律规定,不受本基本法规定的影响"的法律效力。这为去纳粹化运动扫清了障碍。伊普森教授表达了同样的观点:社会国原则对基本法走向有着决定性的影响,法官在进行宪法解释时必须比对《基本法》第 14 条"财产权负有义务。财产权之行使应同时有益于公共福利"和第 20 条规定的社会国目标条款。[2] 教授认为,必须将社会国原则与具体基本权利结合起来,才能更好地展示这一原则的内涵。

伊普森教授根据《基本法》上的社会形成原理来解释第 15 条社会征用的规定。《基本法》第 15 条是积极经济条款,它是从先前的财产权绝对观点中演化出来的。一定程度的社会化(Sozialisierung)是合法的,这一政策符合德国国家经济政策的方针。这意味着德国在宪法变迁的道路上出现了新的社会化目标和方式。《基本法》第 3 章第 79 条也规定了基本法社会国属性不可侵犯和更改。[3] 伊普森教授将第 15 条财产权限制条款归因于基本法上保守和进步力量对比的产物。他认为,联邦议会委员会(Bundesrat)对《基本法》第 15 条的解释是不同阶层斗争的结果。基本法是原则上的宪法分配方式,这种方式决定了财产权、国家的土地、自然资源和生产资料等在公共利益和个人之间平衡的方式。

社会国原则除了对财产权秩序产生拘束力以外,同样对人身权利有着实质性影响。基本法条款中的很多规定与社会国原则息息相关。《基本法》第 3 条第 3 款规定:"任何人不得因性别、门第、种族、语言、籍贯和来源、信仰、宗教和政治见解受到歧视和优待,任何人不得因残疾受到歧视。"其中"籍贯"无疑具有地理意义和社会意义,这样规定是出于冷战期间东德和西德不同经济水平的考虑。而德国诉讼救助法中对经济困难的刑事犯罪嫌疑人

---

[1] 德国《基本法》第 14 条:一、财产权及继承权应予保障,其内容与限制由法律规定。二、财产权负有义务。财产权之行使应同时有益于公共福利。三、财产之征收,必须为公共福利始得为之。其执行,必须根据法律始得为之,此项法律应规定赔偿之性质与范围。赔偿之决定应公平衡量公共利益与关系人之利益。赔偿范围如有争执,得向普通法院提起诉讼。基本法第 15 条:土地与地产、天然资源与生产工具,为达成社会化之目的,得由法律规定转移为公有财产或其他形式之公营经济,此项法律应规定赔偿之性质与范围。关于赔偿,适用本基本法第 14 条第 3 项第三、四两段。
[2] VVDStRL10 (1951), S. 74f.
[3] 《基本法》第 79 条第 3 款:本基本法之修正案凡影响联邦之体制、各邦共同参与立法或第 1 条与第 20 条之基本原则者,不得成立。

提供帮助，这也是出于经济平等的诫命。从更广的范围来说，伊普森教授认为，社会国原则的规范意义还可以从公民对工作权和失业救济的主张、德国特定的《共决权法》、社会保险法、对家庭和儿童的照顾、特定补贴金、教育和职业培训所达到的社会形成来体现。[1]

伊普森教授从社会秩序形成的角度论述了社会国原则的重要性，其中通过论述基本法第14条和第15条的宪法解释来展开对社会国原则的讨论。对财产权的保护和限制不仅是德国法上的规定，中国法上同样规定了财产权的社会属性。我国《宪法》第1条第2款规定："社会主义制度是中华人民共和国的根本制度。禁止任何组织或者个人破坏社会主义制度。"中华人民共和国是社会主义国家，规定了我国的国家目标，建立公平正义的财产秩序必然是题中之意。我国宪法保障公民的财产权。同时，我国《宪法》第13条第3款规定："国家为了公共利益的需要，可以依照法律规定对公民的私有财产实行征收或者征用并给予补偿。"[2] 这种两相对应的规定也契合我国宪法上社会主义原则的要求。这两条规定确定财产权的社会边界，缓解了财产权绝对原则与社会主义条款间的紧张关系，弱化了社会中不同意识形态群体的对立。[3]

3.1.2 阿本德罗夫教授的"社会民主国"

在1953年的波恩国家法学者会议上，阿本德罗夫教授提交《社会法治国的概念和本质》一文，介绍了学者关于社会国原则的讨论内容。[4] 阿本德罗夫教授认为，"社会法治国"不应该是唯一被讨论的主题，民主国原则也是基本法范围内与社会国原则紧密相关的范畴。民主国原则和社会国原则虽然不能作为直接使用的法律原则，但是作为整个宪法的基础原则在法治国框架下不能被忽视。他认为基层法律原则有着特别的功能，它们赋予基本法制度合法性，也是具体法律原则的基础。具体而言，在德国法语境下理解社会国原则不能不考察民主国原则。

魏玛时期国家法学者赫曼·黑勒就提出了"社会法治国"这一充满论战

---

[1] Ipsen Hans Peter, Gesetzliche Indienstnahme Privater für Verwaltungsaufgaben, in *Um Recht und Gerechtigkeit*, Festgabefür Erich Kaufmann, Stuttgart/Köln, 1950, S. 141 ff.

[2] 这一规定最终成为2004年《宪法修正案》第22条。

[3] 这一规定引发了2004年有学者提出物权法草案违宪意见，进而引起了学术争议。

[4] Wolfgang Abendroth (1906–1985), Abendroth hatte für die Bonner Tagung 1953 ein Referat über Begriff und Wesen des sozialen Rechtsstaats geplant.

意味的表述。正如前文所述,"黑勒时代的国家阶级结构站不住脚",阿本德罗夫教授也认为在自由资本主义社会,国家谦抑思想是一种"蒙着面纱"的妄想。国家不干预经济和放任自由发展基本是不可能实现的。国家在政治、经济和文化生活等方面都发挥着重要且广泛的作用。社会国则要与已存的自由法治国原则相区别,并重新构建社会秩序和其经济基石。这种理念建立在实质正义基础上。实质正义的获得需要最大限度体现公民意志,这一目标只有通过民主程序才能达成。阿本德罗夫教授认同黑勒的观点:民主法治国家存在的前提是国家机构间的民主能延伸到社会生活的各个方面,而民主原则的重要表现是国家的经济结构。[1]

阿本德罗夫不认同"自由法治国下的内涵空洞和实证主义法治国理论的苍白",同时批判了自由法治国下的权利理论。他认为,在民主国和社会国里,基本权视野下的分享权必须重新厘清。在实质法治国理念中最重要的是平等原则,而平等原则与自治理念中的分享权和社会经济秩序紧密相关,这些都为社会国理念注入了实质内容。《基本法》第79条第3款明确了基本法修改条款,以此保证通过行使民主权利修改宪法的可能性不被剥夺。

阿本德罗夫教授认为社会国原则中"社会"一词的不确定性不构成否认社会国的理由。[2] 在按照民主原则组织起来的国家里,任何对社会和经济秩序的介入措施都必须依据民主立法。在这层意义上,社会秩序的重塑和建设需要经由民主程序且在法治框架下建立。不同国家和社会对价值选择的认知不一样,因此各国呈现的社会秩序往往具有极强的国别性和历史印迹。在这一层面上,德国社会国的理念和制度都是独一无二的。

在国家和社会二分结构下,民主国家形成了不同的利益群体,但社会国理念是社会形成过程中的共通价值诉求。社会国与当时德国经济和社会秩序中所要求的公平正义理念相一致。伊普森和阿本德罗夫两位教授都将社会国原则视为19世纪以来反对自由法治国传统的基础纲领。社会国理念指引下产生的基本社会权也对传统的基本自由权形成巨大冲击。社会国理念本身就是国家目标条款的一部分,德国基本法关于经济宪法的规定尤其有着重要意义。

阿本德罗夫教授将社会国与民主国联系在一起。社会民主被阿本德罗夫

---

[1] *VVDStRL* 12(1953),S. 85.
[2] Abendroth, Wolfgang: Zum Begriff des demokratischen und sozialen Rechtsstaates im Grundgesetz der Bundesrepublik Deutschland. In *Aus Geschichte und Politik*, *Festschrift fuer Ludwig Bergstraesser*, Duesseldorf,1954,S. 279-300.

教授认为是对抗威权的重要方式[1]。社会民主不仅是形式上的国家程序，更关系到整体的社会和经济秩序。社会国原则对拆分德国"大资本"，弘扬德国企业职工的共决权和社会化运动都有着重要的指引意义。

社会市场经济模式在法律上的集中体现就是集体谈判制度和共同决策权。1873 年，德国书籍印刷工人联合会与雇主谈判并签订第一个集体合同。1918 年，德国颁布了《集体合同法》，用法律形式将集体谈判和集体合同制度确立下来[2]。集体谈判制度得以实行的前提是德国强大的工会组织。德国工业联合会是最大的工会组织，它和德国雇主联邦联合会构成集体谈判的双方展开劳资谈判。德工联和德雇联对劳资谈判给予全局性指导，通过法律协助和提供信息等方式协助下属行业机构展开具体谈判。大部分集体谈判主要由行业工会和产业雇主联合会展开，行业组织的目的是建立统一的劳资集体谈判制度，这项制度的内容涵盖劳动者保护的各个层面。依据现行经济发展情况，具体行业工会制定出符合本行业实际情况的方案，这其中包括最低工资标准。本着发挥经济民主的目的，劳动者和企业雇主双方相互妥协并形成合适的方案，并就此签订集体协议[3]。在集体谈判过程中，劳资双方充分协商体现了经济民主的思想，而德国则将这一民主成果通过法律形式确定下来。在社会国原则下，德国民主思想贯穿经济生活的方方面面，除劳资双方集体谈判外还存在于其他法律制度中。

3.1.3 恩斯特·福斯特霍夫教授的观点

1953 年 9 月，联邦德国首任总理康拉德·阿登纳领导的基督教民主联盟党（CDU）取得第二次联邦议会大选胜利，并组建了第一任政府。就在这一年召开的德国国家法学者年会上，德国著名的行政法学者恩斯特·福斯特霍夫（Ernst Forsthoff，1902—1974）教授[4]提出了生存照顾的理念，开启了行政法"给付行政"的时代。

在 1953 年的报告中，福斯特霍夫教授指出福利国家在德国已经成为事实，但他清楚地表示基本法上的社会国原则并不具有法律规范的意义。在

---

[1] *VVDStRL* 12（1953），S. 85.
[2] 王慧：《德国的集体谈判》，载《中国劳动关系学院学报》1996 年第 5 期。
[3] 李岩、张桂梅：《德国集体谈判对我国行业性工资集体协商制度的启示》，载《山东社会科学》2014 年第 9 期。
[4] 恩斯特·福斯特霍夫教授，德国著名行政法学家，首提"服务行政"和"给付行政"概念，以生存照顾为特征的"给付行政"彻底改写了现代行政法。

《国家法学报告》一文中，教授表示："如果社会国不是客观事实，社会法治国就不存在任何宪法上的难题。社会国原则的困惑正是由于福利事实而导致的。在《基本法》第20条和28条中'社会的'这一形容词两次出现，这很难不使人联想到现有的宪法结构。"[1] 虽然在文本上承认了社会国原则，但是在宪法解释过程中福斯特霍夫教授并没有考虑社会事实。他认为将社会国原则作为法律解释依据时，必须考虑德国的法治国家架构。在法治国框架下，宪法结构、法律制度和法律技术都构成进一步解释的障碍。他怀疑社会国和法治国能否在宪法框架中融合。单个宪法规范的解释并不存在问题，但是关于社会法治国的疑问却引发许多争论。福斯特霍夫教授认为"社会"是内涵空洞的概念，在基本法中没有任何一个词像"社会"一样有多重意义并被随意使用。自19世纪法治主义逐步确立以来，立法者希望在自由法治国中注入社会形成（Sozailverstaltung）价值。

在福斯特霍夫教授看来，任何试图在法治国和社会国中间寻找妥协的努力都徒劳无功。社会国原则下的理念和制度实践都必须在法治国概念、制度中一一检视。[2] 德国必须牢固坚守的是法治国原则，而非具有不确定性和开放性的社会国原则。魏玛国家法学者海因瑞希·特瑞普尔教授（Heinrich Triepel）的箴言"对社会国的追求无疑是对法治国的限制和束缚"仍然对学者有着警示作用。对社会国原则的持续价值追求和法理上的不断解读会使国家陷入危险的境地。"一种自由的、公民的、社会的国家将最终变成国家社会主义的法治国"，这将会使德国再次走上纳粹主义的老路。福斯特霍夫教授认为法治国下的宪法结构以高度形式化著称，宪法的实施必然要借助间接的法律法规，直接实施宪法原则在法理上是行不通的。德国社会法上的给付并不以自由权为依据，公民获得国家的积极给付依据的是社会法上的分享权。社会性法律并没有普遍持续和稳定的适用范围，并且针对和处理的对象也是单个的法律现象。正如基本法所规定的，法治国下的宪法与现有的社会状况高度契合，法律解释也限于法治国原则自身。正如福斯特霍夫教授在1933年魏玛时代的文章中解释"整体国家"一样，法治国是19世纪以来的概念，在社会结构没有发生重大改变的情况下，社会国原则并不能动摇法治国根基。

在福斯特霍夫教授看来，伊普森教授"联邦德国是形式的、国家保障

---

[1] *VVDStRL* 12（1953），S.103.
[2] Forsthoff, Ernst, *Begriff und Wesen des sozialen Rechts-staates*, Berlin, 1954, S.24.

的、公民的法治国的继承者,它同时也是法治国与新的社会形式相融合的载体"的观点是武断的。[1]《魏玛宪法》规定的社会权条款和联邦德国基本法中规定的"德国是民主的、联邦的、社会的法治国"条款间的区别和联系是悬而未决的问题。基本法核心条款内涵的不清晰是德国宪法解释学的败笔。[2] "民主"和"共和"两个原则体现国家形式,"社会国"这一原则决定了国家的实质内容。但基本法并未规定专门的"社会内容"(Sozialen Gehalt),包含法律实质价值的社会任务和制度仅在权限规范中才被考虑。[3]

福斯特霍夫教授认为,"社会"一词可能有两方面的意义。一是"社会"一词挑战现有的社会秩序,其要求合理公平地重新财产分配。这是破坏法治主义的行为,同时也会将国家秩序带入革命的混乱中。二是在现有的"制度、概念和法律原则"下寻求更好的财产分配秩序。[4] 福斯特霍夫教授认为对"社会法治国"的正确把握取决于解释者更偏重对哪种意义"社会"的理解。基本法秩序中包含"社会元素",这是对基本法自由权的限制。这种情况下的"社会法治国"仅仅是国家征收的工具,同时,这也意味着公民权利和法治的减损。如果人们将"社会"理解为法秩序里的"社会价值"的缩影,那么"社会"一词表意困难。最终,福斯特霍夫教授认为"社会"作为法律概念并不成立,社会法治国有着特定的实质内容。它既不建立在权利或义务的基础上,也不是由具体法律制度派生出来。福斯特霍夫教授将社会国视为一种国家目标。在权力分立的制度架构和行政自由裁量权的作用下,社会国原则更像是"基本权利下的极端个人主义的解释"。他认为社会国不是建立在德国现有的宪法结构之上,法治国原则和社会国原则在宪法层面上无法融合统一。如果人们试图将社会国的意义投射到宪法上去,那则是对法治国原则内涵的误解。[5]

事实上,福斯特霍夫教授对社会国的理解不是从宪法解释方法着手,而

---

[1] Forsthoff, Ernst, *Rechtsstaatlichenkeit und sozial-staatlichkeit*, Darmstadt, 1968, S. 41.
[2] 德国基本法第28条:"各州制定的宪法必须符合本基本法规定的共和、民主、社会和法治国原则。"
[3] 克劳斯·施坦因(Klaus Stern)教授则将宪法规定的种类区分为十种:权限规范(Kompetenznormen)、创设规范(Kreationsnormen)、程序规范(Verfahrensnormen)、修改规范(Revisionsnormen)、规范性规定(Normativbestimmungen)、基本权规范(Grundrechtsnormen)、保障(Gewahrleistungen)、国家结构与国家目标规范(Staatsstruktur-und Staatszielnormen)、宪法委托规范(Verfassungsauftragsnormen)以及其他的实质法或组织法规范。
[4] *VVDStRL* 12(1953),S. 25 und S. 35 LS XI.
[5] *VVDStRL* 12(1953),S. 31.

是从宪法和国家理论出发，在方法论上再次回归到萨维尼的法解释学。他认为宪法性法律的解释受限于三段论的正确涵摄，因而否认人文科学的视角，拒绝从社会学方法、价值分析方法等对"社会国"进行解释的尝试，这些尝试在其看来都是"去形式法治"的方法。在回应论敌的文章中，福斯特霍夫教授认为在国家意志形成过程中，社会国原则仅是空洞的程序原则，是为了服务民主价值，其本身并没有多少实质内容。在他看来，基本法是国家目标的行动框架，学者必须按照法律解释技术来分析社会国原则，而不是从"实质内容"或"实质原则"来解释。福斯特霍夫教授认为，对联邦议会委员会的材料进行历史解释，以及同基本法上的其他宪法规范联系起来的体系解释方法都未能使其具体内容更为清晰。但是每一项宪法解释基本都能找到相应的宪法结构对其限制。基于国家和宪法理论的基本假设，福斯特霍夫教授最终认为，社会国在宪法上的价值十分有限。

福斯特霍夫教授一直试图克服传统国家和社会间的隔阂，这一思想沿袭了自黑格尔、劳伦茨·施坦因以及卡尔·施密特以来的国家主义传统。其渴望在理论上建立主权统一的国家和从国家的严苛控制中分离出来的社会。国家和社会二元对立的观点不仅危害"国家性"（Staatlichkeit），同时也可能限制国家权威下的个人自由。21世纪的现代国家里，极速扩张的行政权仍然最大限度地超越立法者的权限来扩张自身。

福斯特霍夫教授反对伊普森教授和阿本德罗夫教授的观点，他基本否定了社会国原则的法律意义。福斯特霍夫教授引发了关于社会国原则的谈论，他的观点也引起了学者们的反思。但在"二战"后的德国，人民迫切需要一个凝聚社会向心力的秩序，希望能修补"二战"带来的政治经济生活的伤痕。社会国原则的提出一定程度上满足了这一需求。虽然福斯特霍夫教授的观点引起关注，但承认社会国原则逐渐成为学界的主流观点。

3.1.4 福斯特霍夫教授的批评者

1953年，在波恩召开的国家法学者会议将"社会法治国"确立为国家法讨论的主题。在会议上，社会国原则缺少法律内涵，并不能获得宪法学理支持的观点引发学者的争论。巴霍夫教授反对福斯特霍夫教授的观点，他认为，社会国原则是国家对社会秩序形成承担责任的一种表现形式[1]，并认为社会国原则和法治国原则不是相互对立的，实质法治国中闪耀着社会正义的

---

[1] Bachof, Otto, *Begriff und wesen des sozialen Rechts-staates*, Berlin, 1954, S. 68.

光芒。社会国原则修正极端个人主义，也是《基本法》第 12 条和第 14 条对劳动关系和财产权限制的法理基础。公民财产权基于社会国原则受到了一定的限制。对巴霍夫教授来说，社会法治国高扬了社会衡平和社会平等的价值。[1] 如果没有社会国下的社会安全制度，那么法治国也存在被现实秩序所颠覆的危险。

作为联邦劳动法院的首席法官，劳动法学者汉斯·卡尔·尼佩代（Hans Carl Nipperdey）教授也反对福斯特霍夫教授的观点。尼佩代教授认为，德国的社会市场经济制度是社会国原则在经济层面上的制度表现。[2]"社会法治国"是法律原则或法律概念，对社会法治国内容的不确定性阐释必然与基本法解释相关。在法律解释中，不确定规范解释困难使学者拒绝这一概念。此外，尼佩代教授赞成分享权和《基本法》第 3 条规定的性别平等权。所有法律都必须具备一定程度的"社会价值"。尼佩代教授认为福斯特霍夫教授否定社会法治国的观点太偏激，社会法治国是法律概念、规范、重要的宪法解释原则，是宪法秩序的重要元素，也是对立法者的要求和主观权利的限制。[3]

学者关于社会国原则的讨论中，除了以上两种相对立的观点外还有第三种中庸的观点：社会法治国首先是一个法治国家，但其又不仅仅是一个"自由的"或"公民的"法治国，而是有着"社会内容"的法治国。这一温和观点渐渐成为学界的主流观点。

"一战"前，国家法学家已经开始关注国家对人民的照管责任。法国大革命时期革命家提出"自由、平等、博爱"的口号，"博爱"可以缓解自由法治国和社会民主之间的张力。科学技术和工业革命催生了新的时代命题，国家需要承担更多新的任务。相比之前，公民在更广泛的领域对国家提出了更多的权利诉求。社会衡平和社会安抚成为这一时期行政法学者关注的主题。语境的转换会带来学术语言解释的偏差，在国家法领域这种影响更为明显。

相同的法律规定在不同的政治条件和政治环境下会呈现不同的意义，法官作出法律解释时也需要结合具体的时空场景。如联邦宪法法院的马丁·戴瑞斯（Martin Drath）教授希望在法治规则和更具活力与公平的社会秩序间找

---

[1] *VVDStRL* 12（1953），S. 45.

[2] Nipperdey, Hans Carl, *Soziale Marktwirtschaft und Grundgesetz. Wirtschaftsverfassung und Bundesverfassungsgericht*, Koeln-Berlin-Muechen, 1960, 1965.

[3] *VVDStRL* 12（1953），S. 98.

到中间道路。戴瑞斯教授从民主国角度认识社会国原则,他认为"社会的民主"比原先"自由的民主"进步,这意味着个人价值在群体中再次得到重视。戴瑞斯教授反对恢复"自由的民主",也认为必须改进现有社会秩序,希望借由社会国原则开拓社会民主的空间。这种"社会的民主"是新的民主形式,不是对"自由的民主"的改良,将更好体现社会秩序的正义价值。[1]

弗里德里希·克莱因(Friedrich Klein)教授认为,德国基本法已经从"自由中立的国家转向了一个积极的,鼓励人格自由发展的社会、民主、法治国"。[2] 国家成为社会福利的给付者,构成公民"生存照顾"的重要组成部分。自由法治国已经不能满足公民权利诉求,越来越多新出现的国家目标将体现在基本法条款中。德国学者也已经提出了各种诉求,如"社会民族国家""文化福利国家""环境国""民族法治国"或依据《基本法》第28条确定的共和的、民主的、社会法治国等。克莱因教授又认为,"自由法治国相比德国所处时代的社会法治国来说已经过时,自由法治国已经没有更多的具体内容了。"[3] 个人的基本自由权已经穷尽。除了基本权利以外,人们对社会正义和自由国家的看法已经发生改变。公民寻求更为公平的社会衡平(Sozial Ausgleich),并能促进社会各阶层共同利益的社会秩序。君特·杜瑞希(Guenter Duerig)教授在这期间观点也发生了转变,其认为建立在放任主义基础之上的"守夜人国家"已经成为历史,反对学者模糊基本法社会国原则的意义,认为国家应该干预社会秩序和经济秩序。否定"社会"一词的意义不可取。[4] 巴霍夫教授在1953年的演讲中详细阐述了自己关于法治国中的实质"社会内容"的看法。他深信在任何情况下德国必须首先是法治国,通过法律保护公民的个人自由,但基本法并不希望恢复自由法治国。[5] 巴霍夫教授认为社会国理念与黑勒的实质法治国思想密切相关。它拒绝形式法治国理念,并认为实质因素应该成为法治国概念优先关注的内容。法治国应该充分实现和保障社会公平,社会国家目标实质上是国家对社会秩序的责任。社会法治国回答的不仅是"是否建立社会秩序",更是"如何建立社会秩序"。对于巴霍夫教授来说,与实质法治国相关的首先是劳工工作环境和财产权问题,这与黑勒要求的社会民主相一致。第二个重要要素就是国家的

---

[1] *VVDStRL* 12 (1953), S. 109.
[2] *VVDStRL* 12 (1949), S. 86.
[3] Friedrich klein, Bonner Grundgesetz und Rechtstaat, ZgesStW6, 1950, S. 390 ff. (398ff).
[4] Duerig, Verfassung und Verwaltung im Wohlfahrtsstaat, JZ1953, S. 193–199.
[5] *VVDStRL* 12 (1953), S. 38.

"生存照顾"责任，这与福斯特霍夫教授所提出的"国家作为给付提供者"的思路一样。巴霍夫教授认为社会国原则主要体现在《基本法》第20条和第28条，同样也受《基本法》第3条、第6条、第12条、第14条和第15条的限制。而所有关于社会国条款的解释都必须与其他基本法目标相结合，单个的法律解释不足以成为依据。尤其是《基本法》第3条"平等原则"，其与社会国原则结合解释更具有重要意义。法官在进行司法解释时通常引用这两条原则，用以矫正已存的社会不平等，并彰显平等原则下的公民基本权利。[1]

以上学者对社会国原则的看法与福斯特霍夫教授大不一样。巴霍夫教授在经典的法治国历史脉络中理解社会国原则，认为社会法治国突出了法治主义中"社会正义"这一价值维度。阿本德罗夫教授则是在个人自决的基础上阐释了社会国蕴含的民主思想。总体来说，大部分学者承认社会国原则在法治架构下的合宪性和合理性。

3.1.5 萧勒教授的观点

1952年，在马尔堡的国家法学者大会上，德国公法大家乌利希·萧勒（Ulrich Scheuner）教授发表题为"经济领域中的国家干预"的演讲，这次演讲中谈到了社会国原则与国家干预之间的关系。[2] 萧勒教授认为自由主义与自由法治国高度匹配，但是随着社会现代化进程的加快，人们对公平和社会国家的认知提升到了新高度，相应地，社会政策和法律政策也要作出调整。萧勒教授关于社会国原则的见解成为20世纪50年代国家法学者中的主流观点。

社会法治国在经济上表现为经济干预主义。萧勒教授提出："国家干预是否与民主自由和法治国家理想相统一？如果两者相融合的话，其融合范围又是什么？"[3] 他在论文中认为，"国家干预"的范围应该仅限于经济领域，并将"干预"定义为国家对经济的灵活指引和影响，而非全面计划和指导。[4] 萧勒教授反对新自由主义观点，认为恰当的干预主义是在积极自由的

---

[1] *VVDStRL* 12（1953），S. 41，S. 80.

[2] Ulrich Scheuner（1903－1981），Scheuner hatte Die staatliche Intervention im Bereich der Wirtschft erstattete.

[3] Ipsen Hans Peter, Gesetzliche Indienstnahme Privater für Verwaltungsaufgaben, in *Um Recht und Gerechtigkeit*, Festgabefür Erich Kaufmann, Stuttgart/Köln, 1950, S. 141 ff.

[4] *VVDStRL* 11（1952），S. 12.

经济与计划经济中寻找到的第三条道路。这条道路将"社会"融入自由和民主价值中。[1]"社会国下的平等"和"法治国下的自由"都得到捍卫。其认为在当下发展时期，德国对平等和社会衡平的追求强于对自由的追寻。为了实现社会正义的目标，必须对国家经济予以"计划"和"改造"。[2] 适度的统制经济与个人人格自由、自由职业选择、财产保护以及基本法上的民主法治是相融的。[3]

萧勒教授认为基本法并不包含确定的经济宪法，只有不明晰的指导原则。《基本法》中第2条、第3条、第9条、第12条和第14条限定了个人自由权，而《基本法》第14条、第20条和第28条则强调"社会内容"，第15条还要求法律吸收"共同体因素"。其认为基本法是一个有机的整体，对宪法条文的解释要结合其他规范。《基本法》第2条属于法律、经济和社会秩序的指导原则，同样也是"社会法治国"有约束力的指导原则。萧勒教授认为，社会国关注的是社会衡平，对弱者的社会促进和保护以及对个人权利的限制。学者清晰地定义"社会法治国"正是为了将其与宪法解释原则联系在一起。其也认为社会国理念拓宽了传统行政法，在原先干预行政的范围内注入了给付行政的内容，强调国家的照顾义务和行政行为中分配行为的正当性。社会国原则不能承担国家规划的任务，法治主义的确定性与"国家规划"的不确定性无法调和，社会国原则无法成为凯尔森意义上的最高规范而只能是没有严格约束力的法律方针。[4] 社会法治国通过第2条、第9条、第14条和第15条对社会直接或间接干预。除此之外，私法秩序和有序的经济活动保障了公民个人的人格自由发展，个人的法律地位与社会法治国之间有着更为紧密的关联。对基本法条文的解释必须注重体系性和整体性，在解释《基本法》第12条"职业自由"时必须结合《基本法》第2条。而阐释第14条"财产权的限制"时也必须考虑第3条"平等原则"。"人格的自由发展"不仅包括自身的主观能动性，同时也包括基本法原则所确认的经济活动自由、个人和企业的独立经济地位。[5] 虽然《基本法》第2条规定宪法秩序的限制是社会政治秩序的基础，但是这种限制并不涵盖整个法律秩序。

与伊普森教授的观点不同，萧勒教授认为社会国原则的"指针"效力可

---

[1] Scheuner, *Die nationale Revolution*, AoeR23, 1934, S. 166.
[2] *VVDStRL* 11 (1952), S. 12.
[3] *VVDStRL* 11 (1952), S. 17.
[4] *VVDStRL* 11 (1952), S. 44.
[5] *VVDStRL* 11 (1952), S. 61.

以涵盖整个基本法,这一原则在基本法中和基本自由权一样占据同等重要的地位。萧勒教授区分了福斯特霍夫教授的社会国和形式法治国之间的差别。教授并没有说明社会国原则对经济领域的意义和作用,而是论述了克服自由价值张力的平等原则。萧勒教授在论述社会国时将注意力放到了企业经营的自由原则,尤其是社会国原则对经济秩序的指引作用。萧勒教授认为,"社会法治国原则"与阿登纳政府的市场经济政策相吻合。"社会法治国"是有着"确切社会印迹的法治国家",德国政府于1957年主导的具有浓重福利国家色彩的年金制度改革正是对社会公正、社会衡平价值的回应。"社会国原则"是"法治国"的一个侧面,它赋予民主政治以实质价值。社会国中的"社会内容"(sozialinhalt)是指"对一般平等的强调,对社会弱者的救助,弥合社会裂痕"[1]。社会市场经济制度并非反对自由主义,而是对抗资本主义的第三条道路。从政治层面来说,社会法治国也是介于资本主义和共产主义之间的第三种政治经济形式。

萧勒教授认为,社会国是德国国家和宪法理论不断适应时代发展的产物。"社会"并不是现代的产物,而是人类生活永远追求的要素,其在更高层面负有维持秩序与和平的意涵。国家不仅是统一体,而且处于不断整合的过程中。萧勒教授对国家的想象是以政府和官僚机构为中心,国家的起点和终点最终都落在行政权上。[2] 萧勒教授认为,基本法构建起了国家和国体,并认为关于国家最重要的思考都必须写入《基本法》中。他的这一立场也使其成为"二战"后德国最为重要的国家法学者。其关于国家和宪法的理论建立在承认《基本法》的宪法地位基础上,这使反对者能谅解其在纳粹时代犯下的错误。[3]

1949年到1959年十年间,《基本法》第20条和第28条中社会国条款一直是国家法学者的中心议题。关于社会国原则,学者们展示了三种主要的不同观点。伊普森教授和阿本德罗夫教授都认为社会国是基本法的基本决定(Entschiedung)之一,强调社会国与民主国原则之间的共生关系。福斯特霍夫教授则认为"社会"一词内容空洞,本质上与德国法治国的内涵和精神相违背,承认社会国会动摇德国基本宪法结构。虽然福斯特霍夫教授的观点有助于更全面地看待社会国原则,这种极端观点并没有得到大多数国家法学者

---

[1] Scheuner, *Neuere Entwicklung des Rechtsstaats*, 1960, S. 506.
[2] Ulrich Scheuner, *Staatstheorie und Staatsrecht*, 1978, S. 19.
[3] Scheuner, verfassung (1963), in listl, Ulrich Scheuner, *Staatstheorie und Staatsrecht*, 1978, S. 171.

的认可。建设社会国的潮流不可阻挡,主流观点仍是以萧勒教授为主,"社会国"原则最终得到了国家法学者的承认。

3.2 传统基本权利体系

在德国法语境中,如果要准确理解法治意义上的社会国原则,则不可避免要论及公民基本权利理论。任何法治理论的发展最终都落脚到对基本权利的讨论上,德国基本权利体系独树一帜,具有融贯性和学理性。在宪法学界,社会国原则极大地影响了德国传统基本权利的体系和框架,拓展了公民权利的空间。在这层意义上,展示并检视基本权利体系具有重大意义。

3.2.1 耶利内克的基本权地位理论

公法学家耶利内克对德国基本权利体系的构建作出重大贡献,他是德国公法权利理论的重要奠基人。[1] 耶利内克主要的著作有《法、不法和惩罚的社会伦理意义》《主观公法权利体系》《人权与公民权宣言》和《国家通论》等。在《主观公法权利的体系》一书中,耶利内克主要论述了公民与国家间的权利关系。现代宪法的主要议题也是国家权力限制和公民权利保障。耶利内克认为,国家是具有独立人格的主体,通过法律对政治权力的不断驯化,国家本身也愿意处于法律管辖范围之内。传统公法权利的基础有"意思说"和"利益说"两种。古罗马法学家乌尔比安按"利益"来区分公法和私法,根据"利益说",判断一项权利是否是公法权利取决于其关联的是公共利益还是私人利益。而"意思说"则着眼于法律关系性质,公法权利对照的是权力所有者与服从者,而私法权利的享有者则是平等主体。两者的区别是,受私法调整的权利更多地属于个人自治的领域,而公法权利关涉国家,国家的参与会限制个人意志的表达和发挥。

耶利内克认为利益和权利是两个不同的概念,利益之所以能转化为个人权利,是因为个人所要求的权利契合了国家公共利益的内在要求。在法治理论中,国家是公共利益的代理人,只有个人利益符合国家利益期待时才能成为个人公法权利。出于公益的考量,客观法在规定行政主体作为或不作为时,因为该项法律,个人会相应地获得利益。这是一种法律上形成的事实期

---

[1] 耶利内克(G. Georg Jellinek 1851—1911),德国公法学家。耶利内克出身于犹太教士家庭,曾先后在维也纳大学、柏林大学和巴塞尔大学执教,自1891年起长期任海德堡大学宪法、国际法和政治学教授。

待，也是理论上所称的反射利益。私法权利的实现最终表现为私法请求权，这项请求权的获得必须由实定法规定，它的产生是以特定的法律地位为前提的。在"公民地位理论"中，德国法中的公法请求权同样以特定法律地位为前提。特定的法律利益是公法请求权的基础，另外，也是请求权所欲保护的特定法益。[1]

国家的统治权是由具体事项限定的、为公民共同利益而行使的统治权。这种统治权力是对人的统治，国家范围内的公民成员由此获得一种地位。不同的法律关系展现的是个人和国家两个实体间不断变化的相对位置。在这个身份下，公民获得了排除国家、否定强力统治的权利。能抵挡国家统治干预的领域就是个人自由权伸展的地方。这即是耶利内克理论中的消极地位（Negative Status）和自由地位（Status libertatis）。在这一领域中，个人所要达到的目标可以通过自身的自由行为得以实现。国家的全部活动旨在维护统治阶层的利益。为了达到这一目的，国家承认并赋权个人充分利用现行政治制度和法律制度。由此，国家赋予个人积极地位（positive Status）和市民地位（Status civitatis）。获得法律规定的资格是国家保障个人权利的基础。国家义务依靠个人的行为才可能实现。与个人为国家而行动的能力相对应，国家赋予个人合法的、主动的市民的地位。这具体阐释了主动地位（aktiver Status）、主动市民的地位（der Status aktiverZivitaet）的意义。处于此种地位的公民有权行使政治权利。

这种分类穷尽个人在国家体系中的可能性。消极地位对个人而言应对的是国家承担的义务，其他三种地位则指明法律规定的主观公权利。具体来说，个人对国家的消极地位意味着个人所享有的自由权，个人与国家间的积极地位则表示个人可以从国家处请求获得的受益权，最后的主动地位指个人积极参与政治生活的参政权。[2]

耶利内克以上的权利理论具有开创性贡献，基本法的基本权体系就肇始于地位理论。基本权利既是"主观权利"，又是"客观法"。从个人享有的对国家的请求权看，基本权利是"主观权利"。同时，基本法理论也将基本权利视作"客观价值秩序"，公权力必须遵循这一价值秩序，尽一切可能去创造有利于基本权利实现的条件。客观秩序意义上的基本权利无法向国家主

---

[1] [德] 耶利内克：《主观公法权利体系》，曾韬、赵天书译，中国政法大学出版社2012年版，第106页。

[2] [德] 耶利内克：《主观公法权利体系》，曾韬、赵天书译，中国政法大学出版社2012年版，第110页。

张，并不是权利主体的请求对象。对基本权利双重性质的解读构成了德国基本权理论的特殊之处。

学者指出了基本权利具有的防御权功能、受益权功能和客观价值秩序功能。其中，防御权功能是指公民所享有的基本权利不受国家侵犯的功能，也是最重要最基础的功能。作为最经典的基本权利类型，自由权的首要功能是防御权功能。受益权功能是公民有权利请求国家积极作为，从而获得一定社会给付的功能。国家的给付义务指国家所需要的物质、法律程序和公共服务，比如失业救济、最低生活保障或就业培训等。受益权功能与现阶段广为讨论的社会权密不可分，是公民向国家请求给付的重要依据。在当代宪法理论中，基本权利由"主观权利"转向"客观法"。除了针对防御权功能的"不侵犯义务"和受益权的"给付义务"以外，基本权利的客观法性质还要求运用立法和行政等手段来保障公民应享有的权益。客观法辐射的范围非常广泛，劳动法、社会法、就业促进法等多个领域都能体现这一要求。

3.2.2 主观权利和客观价值秩序

基本权的拓展与延伸以德国国家理论的转变为背景和基础。早期德国国家理论秉持政治国家和市民社会相互独立的观点。市民社会能为公民提供满足其需要的经济与文化产品，公民能在市民社会自由生长并实现个人自治。由政府机构和暴力机关组成的国家机器在外交层面抵御敌国的进攻，同时维持国内的统治秩序。公民得以享受最大限度的自由权，并最大可能远离国家干预。这种国家与社会间的关系被学者认为处于自由法治国时期。国家在自由法治国应该保持克制和被动姿态。但是在社会法治国里，国家不再只是公民权利的干预者，更应为公民自由的实现创设条件和提供保障。公民对国家的期待发生了变化。国家成为积极促成权利的实现者，公民自由是经由国家而获得的自由（Freiheit durch Staat）。在社会法治国背景下，学者重新定位国家在基本权领域的作用。基本权兼具主观权利与客观价值属性已成为逻辑立足点，并进一步成为基本权利教义学中的重要议题。[1]

权利是宪法和法治理论的核心概念，德国宪法理论对权利的认定与其他国家截然不同。德国法将基本权作为主观权利，同时也将其视为基本价值秩序。这就是德国基本权利具有的双重性质，其主客观双重性质体现在德语

---

[1] Ernst Wolfgang Boekenfoerde, *Grundrechtstheorie und Grundrechtsinterpretation*, in NJW1974, S.1529ff.

"Recht"一词中。"Recht"很难找到合适的中文词语与之对应,其可以被译为"权利"和"法律"两种意思。具体说来,其在主观上可以被理解为权利(im subjective Sinn),在客观意义上被理解为秩序(im objective Sinn)。法律规则属于客观规范的范畴,但并非每项法律里都可以寻找到公民的主观权利的踪迹。"主观"作为"权利"之前的形容词是因为权利具有主体性,能够在他人或国家未作出特定行为时请求救济。

《基本法》第19条第4款明确规定:"公民的权利在受到公权力的侵犯时,能够向法院起诉。"这保障了公民基本权利的司法救济途径,而德国宪法法院确立的"宪法诉愿"制度则能保障公民在普通司法程序无法得到救济时还得以向宪法法院请求保护的权利。

德国《基本法》第1条第3款规定:"所有基本权都应作为直接有效的法,而约束所有的国家权力。"这条规定凸显了基本权客观法的法律效果,由此国家权力也被广泛地赋予了保障基本权利的积极义务。德国学者君特·杜瑞希教授从客观秩序规则理论中发展出基本权作为客观价值决定的学说。其坚持基本权的约束力辐射到整个法秩序之中,包括在法律的制定、解释和适用过程中。基本权是宪法价值决定的表现,也是所有国家制度的价值基础。联邦宪法法院在具体法律适用中确保个人的自由权不受国家公权力的侵害。基本权涵盖个人的主观防御权,它是宪法性的基本决定,是立法、行政与司法的指针和推动力,效力覆盖所有的法律领域[1]。基本权利的双重属性获得学界的承认,并为权利理论贡献了德国的智慧。

随着宪法和法治理论的发展,基本权的分类不断增加和丰富。"二战"后,西方福利国家和社会国兴起,传统的自由权和社会权二分的框架不能满足现实社会的需求,社会权的出现顺应了这一潮流。在社会国思想的引导下,德国基本权利体系出现了扩张,而宪法法院的相关判例确认了这一具体基本权利的合宪性。

基本权的双重性质引发争议,包括国家应该在多大程度内承担对公民的积极义务。如果国家确需承担保护义务与给付义务,那能否从中直接推导出公民的给付请求权?如果强调基本权利中的客观秩序,会不会构成对主观权利的减损?客观价值与主观权利是否相称,两者之间是否为一一对应的关系?鉴于此,有必要对其内涵进行全面深入的探索,以展现其丰富的内容。

---

[1] Peter Badura, "DasPrinzip der sozialen Grundrechte und seine Verwirklichung im Recht der Bundesrepublik Deutschland", in *Der Staat* 14, 1975, S. 17ff.

3.3 社会国原则下的社会基本权

20 世纪 50 年代的德国国家法学者们之间的论争最终承认社会国原则与法治国原则在宪法上的融贯性。勾连法治国原则和社会国原则的正是基本权利。自由主义和个人主义的哲学传统曾对早期德国基本权理论产生决定性的影响,以自由价值为核心的基本权利理论是否符合当下德国的社会发展现实?德国宪法秩序中的社会国原则是否能对基本权利体系产生影响?

学者如果仍将基本权利的功能进行自由主义式的解读,那么无疑是故步自封。因为德国国家和社会发展的主要议题已经发生了变化。在现代政治国家,国家的难题是在多大程度上保障自由。全景式的、无所不包的自由是不现实的,不同国家法律对自由的保障和限制程度截然不同。如美国凯恩斯主义放弃自由主义竞争政策,在经济上趋于国家干预,道德领域则趋于多元中立。这种干预的范围和强度是借助法律手段来完成的。在不同时期,国家对公民自由权利的投入力度和限制程度也不尽相同。国家政治目标、理念的调整都会使基本权利的实现程度发生变化。在此场景下,学者需要重新衡量国家与社会融合所带来的政治法律上的变化以及基本权利功能的转向。

3.3.1 哈贝勒教授的观点

德国学者关于社会国原则与基本权利的连接这一议题展开了一场激烈的讨论。德国国家法学者皮特·哈贝勒(Peter Häberle)教授在 1971 年德国国家法学者年会上作了主题为"给付国家中的基本权利"的报告。其认可社会国原则与基本权利教义学互相影响。

哈贝勒教授认为针对德国社会情境的变化,德国应该由传统的自由法治国家向给付国家(Leistungsstaat)迈进。[1] 德国基本法第 3 条、第 7 条、第 14 条、第 20 条和第 28 条等条款使得社会国原则下的给付国家进一步具体化;而第 74 条则使给付行为在宪法上获得合法性。

哈贝勒教授认为,社会国原则并不会克减国家效率,给付法律重塑了国家与公民两者间的关系。给付行政行为事实上体现了作为宪法目标的基本权利。国家可以通过分配、计划、税收和补贴来落实具体基本权利。社会给付的一系列判决表明真正的自由权需要通过给付国家来实现。"有效的基本权利"

---

[1] Peter Häberle, "Grundrechteim Leistungsstaat", in *VVDStRL* 30(1972), S.43f.

（Grundrechts effektivierung）意味着每个人都能获得同等的发展条件来实践事实上的自由，落实基本权利的前提条件，实现从形式自由到实质自由的转变。

哈贝勒教授认为基本法可以通过宪法解释、法教义学和法律发现方法来塑造社会秩序。社会国原则、平等原则与宪法规范之间存在张力。对此，哈贝勒教授借助"基本权利教义学在给付共同体下的新任务"来弥补社会基本权的缺位。教授认为，"面对社会事实，基本权利教义学必须保持开放性和灵活性"[1]。社会国原则应被理解为公民社会对"基本权赤字"（grundrecht-difizit）的补偿。[2] 社会国原则和社会基本权的实现使基本自由权更好实现，减少特权和不平等现象。基本权功能互相补充和促进。公民需要借助国家从国家中获得自由，且这种自由也最终指向国家。[3]

最后，哈贝勒教授总结了"社会基本权利理解"（Sozialer Grundrechtsverständnis），这种对基本权利的不同理解是伴随着耶利内克的身份理论的目标变化而发生的。在公民与国家的关系中，公民获得主动地位需要通过消极地位、积极地位和被动地位来支持和补充。德国还制定了保障基本权利的诉讼程序法，其立法依据是《基本法》第1条和第3条，是基于对社会法治国和民主价值的确认和坚持。公民依据社会基本权获得了公法上的社会分享权。一部分学者认为，分享权是基于社会国原则下特定的物质请求权，但这会导致国家最终成为给付国家的乌托邦，另一部分人认为分享权是公民对国家给付提出的合法分配权，应得到法律支持。[4]

哈贝勒教授认为，社会基本权与基本自由权之间的区别是权利的实现程度不一。广义上的基本权利都是社会基本权，是社会法治国和给付国家逻辑的产物。[5]

法教义学学者将社会国原则视为宪法规范开放性的典范，因为它将一般条款的特征和新颖性结合在了一起，促进了自由法治国下教义学体系的发展。德国法不仅在诉讼程序上践行社会国原则的实质内容，联邦宪法法院也通过判决认可社会国原则是德国经济和社会秩序的指导原则。[6] 厘清社会国原则和社会基本权的教义学解释十分必要，这使得学者不再停留在立场之争

---

[1] *VVDStRL* 30（1971），S. 70.
[2] *VVDStRL* 30（1971），S. 71.
[3] Es bedarf der Freiheit durch den Staat, vom Staat und der Freiheit zum Staat.
[4] *VVDStRL* 30（1971），S. 89.
[5] Zum Sozialstaatsprinzip als Auftrag zur Grundrechtsbegrenzung und ausgestaltung bereits Haeberle, wesensgehaltsgarantie1962，S. 189f.，S. 204.
[6] BVerfGE5，85（198）——KPD Urteil.

上。社会国条款不再局限于主观给付请求权或客观法律原则。作为基本权实现的前提条件，社会国原则一部分是给付请求权基础，同时也是权限规范和社会形成（sozialgestaltung）赖以存在的宪法目标。[1] 基本法吸纳了魏玛国家法学者黑勒的观点，通过型塑社会国原则下劳动秩序和财产秩序实现实质法治国理想。

除了社会国原则以外，哈贝勒教授也认为实质平等原则促进了社会基本权发展。借由平等原则获得的自由权不是社会自治的结果，而是给付国家的产物。社会平等是自由的表现形式，不以自由为基础的平均主义会导致集权国家（Totale Wohlfahrtsstaat）。法治国要彰显社会国内容，不能倒退到极权国家，这会使公民个人的消极权利受到威胁。在《宪法》第3条"平等原则"下，作为分享权的社会基本权和给付请求权得到了重新解释，同时基本权利在社会国原则下获得了社会保留（sozialenVorbehalt）。受到限制的自由权是塑造更为公正的社会秩序的必要条件。[2] 社会分享权和社会给付请求权是基于《基本法》第3条的新解读，这对传统的基本权利理论来说是巨大进步。这也是自由价值下的"社会保留"。[3]

哈贝勒教授认为基本权利不仅是否定权限规范，也是宪法目标和国家目标，这也使社会国原则成为基本权利教义学的解释对象。基本权利限制国家权力，同时社会分享权和社会给付请求权也是社会国原则的具体化。鉴于德国基本权利的双重性质，哈贝勒教授认为社会国原则是"对自由价值的要求，也具有基本权利的客观价值秩序面向"[4]。宪法法院在判决中并不将两项基本权利视为积极的宪法目标，在论证过程中没有将其与立法者的形成自由相关联，而是将社会给付请求权与社会国原则关联起来。联邦宪法法院法官通过阐释社会国原则，将社会分享权和社会给付请求权视为积极的权限规范（Positive Kompetenznormen）。同时，哈贝勒教授也认为在国家权力分工中贯彻政治意图首先是立法者的任务，宪法法院对基本权利进行扩张解释虽然

---

[1] wenn als ein leitendes prinzip aller staatlichen massnahmen der fortschritt zu sozialer Gerechtigkeit aufgestellt wird, eine Forderung, die im Grundgesetz mit seiner starken Betonung des Sozialstaats noch einen besonderen Akzent erhalten hat, so ist auch das ein der konkreten Ausgestaltung in hohem Masse fähiges und bedürftiges Prinzip.

[2] VVDStRL 30（1971）,S. 110. zur Sozialpflichtigkeit der grundrechte bereits Haeberle, wesensgehaltsgarantie 1962, S. 47.

[3] VVDStRL 30（1971）.

[4] Peter Häberle, Wesensgehaltsgarantie 1962, S. 121, Wo er fortfuhr: Die sozialstaatsklausel und Grundrechte treten in ein Verhältnis der Wechselbedingtheit zueinander.

达成了政治目标，但是破坏了国家政治结构。教授认为传统的基本权救济除了借助概念构造和强化单项基本权利（比如社会国原则与平等权的连接）来实现以外，社会国原则也能增强法律论证的效力。

3.3.2 沃尔夫冈·马腾斯教授的观点

1971年，在德国雷根斯堡举行的国家法学者会议上，沃尔夫冈·马腾斯（Wolfgang Martens）教授表达了与哈贝勒教授截然不同的观点。马腾斯教授以福斯特霍夫教授的国家学观点为逻辑起点，反对拓展基本权利功能。他认为在不断扩张的福利国家背景下，国家更应当增强对自由权的保护力度。马腾斯教授并不认可社会给付国家违背效率原则的观点，出于减少精神贫困和文化特权的考量，德国也应该积极建设给付国家。[1]

马腾斯教授否定在社会国原则指引下，社会基本权的分享功能会强化自由权。他认为对公民的生存照顾等其他社会促进措施将威胁基本法上的自由权。给付国家实际上是社会经济全面发展的产物，是在自由法治国向社会法治国转变过程中被创造出来的。法治国下的自由和平等价值并不能解决德国社会问题，正如马克思主义者所提出的，传统身份仍然与新社会之间存在高度的依附性。[2] 马腾斯教授认为，基本法上的自由价值符合政治博弈和正当法律程序，试图通过社会干预措施和动摇传统基本权利理论来缓解矛盾只会起反作用。在国家给付的维度上增加社会分享权不可取。[3] 在法治实践中，《魏玛宪法》、州宪法以及欧洲社会宪章中的社会基本权规定并不成功。基本法上的给付请求权与平等原则息息相关，由形式平等向实质平等过渡将更好地促进自由权的实现，这种尝试使法国哲学家雷蒙阿隆的"自由"（liberte）与"能力"（capacite）之间的矛盾得以解决。

马腾斯教授提出"给付国家行为的基本权利界限"（grundrechtliche Grenzenleistungsstaatlicher Aktivitaeten）概念，重申自由权的重要性。基本权利的防御权功能不再是强制性、终局性或命令的任务，《基本法》第12条和第14条给自由权框定了法律保留的范围。马腾斯教授也提出了自由权的比例性问题，当自由权不能解决德国社会中存在的问题时，必须通过社会给付来达到一种平衡。这种社会给付符合人权视角下的价值优先性。[4]

---

[1] Wolfgang Martens, "Grundrechte im Leistungsstaat", in *VVDStRL* 30 (1972), S. 7ff.
[2] *VVDStRL* 30 (1971), S. 11.
[3] *VVDStRL* 30 (1971), S. 11.
[4] *VVDStRL* 30 (1971), S. 19.

除自由权外之外还需要考虑平等原则。社会给付制度与特定群体相关，社会总体财富的分配是个体和群体关系的投射。马腾斯教授认为社会分享请求权是对传统基本权利理论的彻底颠覆，对这类权利必须予以批判性地审视。马腾斯教授认为一般平等原则可以作为一般请求权的基础，而国家也可以通过经济工具来调节平等原则。德国宪法法院在大学判决案中支持高等教育权（Hochschulrecht）是公民重要的给付权利。但马腾斯教授不赞同联邦宪法法院法官列举的三点论证理由：在社会国原则下的平等权必须致力于机会平等，促进社会平衡和社会形成；承认公民的教育权是为了促进出版、广播和艺术自由；国家垄断了落实基本权的资源，行政法院也承认公民对学习名额的请求权。[1] 马腾斯教授认为，社会政策不仅要促进平等，还要致力于自由权的实现，只有增强实现前提才能更好地实现基本权效力。[2] 不带任何附属条件的给付权的基础并不是社会国原则。承认这种权利的正当性会导致大量社会立法中恣意引用这一原则。因此，这种社会国原则下的社会基本权是没有意义的。[3]

马腾斯教授认为社会给付权和社会分享权不能被公民直接享有。这两项权利所对应的社会给付必须由立法者承担将其具体化的任务。[4] 德国基本权利理论中主观权利的确认必须由法律直接规定，从社会国原则中推导出来单个社会给付请求权是不现实的。缺乏法律具体规定就无法明确请求权的具体构成要件。德国法院承认对预护请求权的合法性是基于预护法明确规定了这类权利的类型、权利主体、请求权的最高额度等。马腾斯教授赞同福斯特霍夫教授认为的社会国原则与法治国原则在宪法上无法自洽的观点。国家的社会给付必须在保障自由权的前提下才能施行。社会分享权和社会给付请求权制度化违背了自由主义宪法目的，并会出现违反平等原则的特权现象。

在法律解释上，马腾斯教授也认为哈贝勒教授所提出的社会国原则下的基本权脱离了传统的法律解释方法，这种新的解释思路是纯粹的主观解释方法。[5] 马腾斯教授认为，将宪法作开放性的解读是对法律整体性的伤害。任何宪法解释方法都是法学家通过习得获得的艺术和规则。[6] 马腾斯教授赞同

---

[1] *VVDStRL* 30（1971），S. 27.
[2] *VVDStRL* 30（1971），S. 27.
[3] *VVDStRL* 30（1971），S. 30；das habe Weber, Grenzen sozialstaatlicher Forderungen, Der Staat4（1965），S. 409.
[4] Wolfgang Martens, "Grundrechte im Leistungsstaat", in *VVDStRL* 30（1972），S. 7ff.
[5] Wolfgang Martens, *Oeffentlich als Rechtsbegriff*, 1969，S. 39 f.
[6] Erichsen, *Wolfgang Martens zum Gedächtnis*, in Selmer Münch, 1985，S. 10.

福斯特霍夫教授的宪法的前理解（Vorverständnis），排除从社会国原则中可能推出的法教义学，并维持法治国和自由宪法的结构。社会国缺乏确定性，与法治国的不相容特点再次被马腾斯教授诟病并成为其反对社会分享权和社会给付权的原因。[1]

3.3.3 原始给付请求权和衍生给付请求权

社会基本权在"二战"后的广大发展中国家引起了很大反响，社会基本权极大地扩充和丰富了权利体系，其内容正好契合了发展中国家在政治经济文化方面的权利诉求。[2] 社会基本权无疑具有浪漫色彩，但其在德国宪法秩序和理论学说上面临解释难题。长期以来，社会基本权仅作为一个学术概念，并没有获得重视。虽然在立法和司法实践中并没有规定社会基本权，但是国家仍然践行积极给付义务，以体现社会国精神。德国学界并没有完全封闭理论的可能性，仍然通过其他阐释途径来体现这一国家目标。

法律规定了自由权的合法性，但自由权的实现程度依赖于具体社会条件。公民积极要求国家给付，这是对自由权的补充。随着社会国和基本权利理论的扩展，公民的要求演化为不同于自由权的社会权。

德国联邦宪法法院主张严格限定社会权的范围，认为不能由某一基本权直接导出公民对国家的给付请求权，只有在极其特殊的情形下才允许存在例外。这一例外就是国家必须保障人民维持"人性尊严"最低限度的生活（einRecht auf Existenzminimum）。如果公民所享有的生活无法达到维持人性尊严的最低标准，那么就能依据基本权向国家提出请求。[3] 联邦宪法法院认为，只有具备某些前提要件，基本权的规定才不会失去功能和价值。公民才对这些要件拥有给付请求权。最低限度的生存保障承认了公民在宪法上拥有积极的给付请求权，但却将其限定在基本权实现所必需的范围内。

除"最低限度的生存保障"外，很多学者也期望通过其他方式为社会权打开出口。他们反对从每项基本权中推导出来的"原始给付请求权"（originareLeistungsanspruche），但承认公民基于平等原则衍生出来的"共享权"[4]（Teilhabeansprueche）。如果国家为公民提供某种给付，则没有得到

---

[1] Koetter, sozialverfasssungsrechtliche Debatten seit den fuenfziger Jahren, in Arnauld und Musil (Hrsg), *Strukturfragen des sozialverfassungsrechts*, 2009, S. 107.
[2] Joerg Paul Mueller, *Soziale Grundrechte in der Verfassung*, 1981.
[3] BVerfGE 32, 222.
[4] Hartmut Maurer, *Staatsrecht I*, Verlag C, H, BeckMuenchen, 2003, S. 277.

给付的人可以根据平等原则向国家主张这种共享给付。共享权的主体、内容以及范围必须建立在国家财政能力基础上，这在一定程度上克服了社会基本权的现实障碍。因为共享权不是来源于单项基本权，而是从平等权中衍生出来的，所以又被称作"衍生给付请求权"[1]（derivative Leitungsansprueche）。这两种请求权的分类可以被视为社会基本权理论上的可能出口。

小　结

本章主要是关于社会国原则学说史的考察，集中在20世纪50年代到70年代国家法学者间的争论。20世纪50年代，德国国家法学者就社会国原则是否具有法治意义进行辩论，对社会国原则的合宪性论证，奠定了理论发展的可能性。社会国原则为基本法的发展指出了新的方向，并产生了世界性的影响，社会国概念获得了主流国家法学者的认同。学者们承认社会国原则的法治内涵，两者融聚而成的社会法治国成为法治建设的新方向。

20世纪70年代，社会国原则能否成为社会权的法理依据引发了著名的社会基本权争论。哈贝勒教授认为社会国原则的效力能及于公民个人权利，而马腾斯教授则认为对社会国原则进行阐发会破坏法治原则。社会国原则下的社会分享权和社会给付权也并没有法理上的依据。本章赞同哈贝勒教授的观点。在福利制度成为全球性事实时，彻底否认社会权已经失去意义。正是在社会国原则的指引作用下，德国传统基本权利体系得以拓展，在基本自由权之外发展出社会基本权。在法治框架下，德国法院系统仍然能通过司法判决来进行法律续造，法官能够在自由裁量权范围内阐发社会国原则和社会基本权。

基本法的功能之一是保障公民权利，德国学界在一定范围内承认社会基本权，这是社会国原则在宪法上的具体化。在权利保障层面，社会国原则与其他宪法基本原则结合起来作为法理依据已经成为司法中的常见做法。我国关于社会权的法理研究中，并没有学者深入挖掘其理论基础。我国《宪法》规定我国的国家性质是社会主义国家，但学者还缺少对这一条款的细致的法理探索。对比德国社会国原则的学术发展史，我国学者也需深挖"社会主义国家"的法治内涵。

---

[1] Josef Isensee & Paul Kirchhof, *Handbuch des Staatsrechtsder Bundesrepublik Deutschland*, Heidelberg, 1992, S. 247.

第 4 章　社会国原则的制度实践

社会法是勾连德国社会国原则与社会基本权的主要法律制度。在社会法治中，国家的角色不再仅是干预者，而是为保障公民最低限度人性尊严的给付提供者。"二战"以后，欧洲民主国家纷纷开始社会国家建设。德国是欧洲社会法的起源地。在结构上，德国社会法由社会保险法、社会补偿法和社会预护法以及社会救助几大部分组成。20 世纪 70 年代后，德国沿袭民法典的立法模式，将所有的社会法律按照一定的体例，整理编纂出社会法典。除了社会法典外，德国还制定了社会行政程序法（Sozialverwaltungsverfahren）及社会法院法（Sozialgerichtsgesetz），从司法程序上来保障社会国原则的实施。

4.1　立法形塑下的社会国原则

4.1.1　社会政策变迁和国家任务的转型

1945 年到 1949 年，"二战"战胜国接管了首都柏林，并且分区建立起了管理委员会和军事机构。"二战"后纳粹政权留下的是满目疮痍的德国，战后的重建工作也逐渐展开。占领国并没有完全改变和废除德国已存的政策，尤其是法律制度和中低级的行政管理组织。除了剥离纳粹相关法律外，大部分的德国法律仍然能得到很好的执行，国家立法、行政和司法机构也得以保全和运转。1946 年，德国很快更新旧的行政系统并完善国家机构。随着德国行政运转系统的恢复，德国的政治机构、选举和民主生活也恢复到战前相应的水平。[1]

为了避免战争再次发生，深刻反思纳粹给德国和世界带来的苦难和创伤，德国开展了"去纳粹化"行动，战胜国采取多种手段消除纳粹政权对德

---

[1] Boecken/Ruland/Steinmeyer, *Sozialrecht und Sozialpolitik in Deutschland und Europa*, 2002, S. 112.

国社会的影响。建立了一系列反省战争的系统机制，大力推行非纳粹化运动，如对纳粹主要战犯和组织进行审判，废除一切法西斯的法律和决议，查禁和摧毁所有纳粹党团组织，严禁法西斯组织重新活动等，使国家逐渐走上了正常化的道路。占领国在政治、经济、学术、教育等层面积极清除纳粹残余影响。[1] 在占领国有序有效的措施下，德国清除纳粹政权影响，社会生活秩序逐渐恢复正常。在占领期间，社会经济改革所取得的成就远超"去纳粹化行动"。

1949年，美苏两大国意识形态的对峙最终导致德国分裂，接管区迅速分离为两大阵营。柏林墙的建立造成了民主德国和联邦德国的分立，也标志着冷战开始。民主德国在苏联带领下走上了社会主义的道路；而联邦德国则秉持民主价值，坚持法律确立的自由主义经济模式。虽然德国需要支付大量的战争赔款，但美国针对欧洲重建的"马歇尔计划"对恢复联邦德国经济起到了重要助推作用。联邦德国迅速走出衰落和战败的状态，并在20世纪50年代到70年代保持经济持续地高速增长。在此期间，联邦德国的发展主轴是促进经济增长。直至阿登纳政府领导的基督教民主联盟党（CDU）在1957年获得议会大选成功，联邦德国的生产力已经取得了巨大的飞跃。但由于纳粹意识形态的禁锢和"二战"给人们精神上带来的伤害，德国公民对战后政治抱以冷漠务实的态度，希望能全力推动经济、重建家园。在这种心态下，阿登纳带领的基督教联盟党提出的"不搞试验"的口号赢得了大批选民。在阿登纳带领下，联邦德国走上着力振兴经济的道路，并开创了独具特色的社会市场经济模式。

社会市场经济既非纯粹"市场"的，也不是全属"计划经济"模式。"社会"一词指国家不仅应该创造经济增长的条件，同时应该保护弱者免受市场力量的过度侵害。社会市场经济模式不同于自由放任的盎格鲁-撒克逊经济发展的方式，被广泛称誉为"莱茵模式"。[2] 西方民主国家珍视自由和平等价值，但是在法律价值位阶选择过程中，英美和欧陆却走上迥然不同的道路。英美政治哲学信奉经验主义，在政治发展历程中积淀下对自由价值的坚持。在欧洲，社会主义的火种诞生于此，宗教的因素和法团主义精神使得统治者在追寻自由价值时不忘平等和秩序。德国深厚的保守主义哲学和社会主

---

[1] [德]迪特尔·格罗塞尔：《德意志联邦共和国经济政策及实践》，晏小宝等译，上海翻译出版公司1992年版，第128页。
[2] [德]罗尔夫·施托贝尔：《经济宪法与经济行政法》，谢立斌译，商务印书馆2008年版，第79页。

义传统更使得平等和秩序价值优位于自由价值。德国社会市场经济是社会国原则在经济领域的具体贯彻，同时也是"经济宪法"的制度体现。

国家任务转变为经济建设，这种转型也带来了社会政策的变迁。社会政策必须服务于当时当地的政治经济环境。这一时期，联邦德国的社会政策致力于发展自由的竞争秩序和保持良好的劳资关系。联邦德国的法律传统中流淌着社会衡平和社会正义的血液，德国社会市场经济模式要求兼顾效率和公平的社会政策。作为联邦德国的重要制度成果，社会市场经济制度写入了基本法并以社会国原则的面貌体现出来。

4.1.2 作为宪法委托的社会国原则

德国学界一般认为，社会国原则作为一项纲领原则（Program），同时也是国家目标规定。米尔腾（Detlef Merten）教授认为，国家目标规定是纲领性指令，国家应努力实现设定的任务。社会国原则不同于一般的政治性宣示，它是有约束力的规范性纲领，其效力来源于宪法权威。在这一基础上，作为约束公民和国家机关的宪法规范必须明晰确定。按照凯尔森的基础规范理论，宪法规范是低位阶法律规范效力的来源，也是衡量和审查效力较低法律的标尺。在米尔腾教授看来，国家目标规定有着自身特征，不同于结构性规定（Strukturbestimmungen）。结构性规定是国家的基本建构法则，它基本决定了国家秩序的走向，比较稳定。国家目标则根据时代的发展和政治经济外交形势的变化而变化，更具灵活性和指向性。不同于基本权利，国家目标规定虽然高瞻远瞩，但仍然需借助平等原则来具体化，最终转化为具体的派生请求权。立法者执行国家目标规定时享有很大的自由裁量空间，但因其概括性与不明确性的特征，有待立法者来实现政策具体化。依据基本法中民主国原则的要求，德国立法者还享有广泛的形成空间。联邦宪法法院认为社会国原则提示国家要努力完成的任务，没有规定采取何种方法和手段完成任务。如果规定了具体方法，则这一行为违反了民主国原则，基本法上的宪法秩序就会遭到破坏。[1]

立法者必须通过宪法委托的方式来践行社会国原则的理念，弗里德里希·施耐普（Friedrich Schnapp）教授指出，社会国原则旨在扶助社会弱者，为其提供最低限度的生活条件，使人人享有平等的机会以及符合人性尊严的

---

[1] Zacher, Das soziale Staatsziel, in Isensee/Kirchhof, *Handbuch des Staatsrechts*, 3. Aufl., 2004, Rn. 17ff.

生存条件。[1] 同时，立法者必须牢牢坚持国家和社会二分的立场，不能为追求社会的（sozial）目标而放弃这一政治假设前提。社会国原则允许国家通过社会性的调整的方式，增强公民完成前述社会目标的能力。德国主流学界认为社会国原则的效力属于宪法委托。作为宪法委托，社会国原则突出了国家矫正社会不平等现象，一方面通过社会平衡措施来弥补各个阶层间的鸿沟，另一方面则要求立法者必须始终坚持自由国家准则。

4.2 德国《社会法典》层面上的社会国原则

社会国原则对国家法律秩序建构发挥了重要影响。自德国基本法开始，社会国原则不再停留在理念，而是在制度实践上迈出了步伐。基于宪法委托的学理设定，社会国任务主要通过立法者制定法律来完成。宪法委托的法律效力并不是对立法者的一种政治或伦理的呼吁，而是强制性的、有拘束性的义务，其中包括作为义务和自由裁量权。

1969年10月28日，时任联邦总理威利·布兰德在联邦政府成立时指出：联邦政府应该对社会法治国家承担责任。为了实现这一宪法上的委托，十分有必要制定相应的劳动法典来整合庞杂的劳动法规。[2] 事实上，德国劳动法经过多年的博弈仍然没有形成统一的法典。除此以外，立法者需根据当时的社会需求来制定社会法典。在联邦政府的持续推动下，社会立法持续近30年之久，并形成了极具规模的法律法规集群。时至今日，立法依据德国社会政策的调整而不断修订，新的社会内容也被吸纳进法典，社会立法并没有停止增长的趋势。社会立法很好地回应了德国的社会现实问题，彰显了宪法规定的社会国价值。

4.2.1 《社会法典》结构与社会国原则

现今的德国《社会法典》包括社会法典总则编（SGB I）、劳动促进编（Arbeitsfoerderung）、社会保险总则编（GemeinsameVorschriftenfür die Sozialversicherung）、法定疾病保险编（GesetzlicheKrankenversicherung）、法定年金保险（GesetzlicheRentenversicherung）、法定的意外保险（GesetzlicheUnfallversicherung）、儿童及青少年扶助（Kinder und Jungenhilfe）、残疾人士的复

---

[1] Friedrich Schnapp, "Was koennen wir ueber das Sozialstaatsprinzip wissen?" *JuS* 1998, S. 877.
[2] Soeller, "Die Wahrung der Grundrechte als gemeinsame Aufgabe von Bundessozialgericht und Bundesverfassungsgericht", in *Festschrift 50 Jahre BSG*, 2004, S. 43.

健和参与（Rehabilitation und Teilhabebehinderter Menschen）、社会行政程序法和信息保护（Sozialverwaltungsverfahren und Sozialdatenshutz），社会照顾保险（Sozialpflegeversicherung）。除了实体法以外，德国还通过专门的程序法保障社会法运行。以《社会法典》为核心，以其他社会性法律为主体建立起社会国家下的法律制度。借助一系列社会法制，德国最终建立起了社会法治国。

德国《社会法典》是社会国原则的集中体现。在联邦共和国成立初期，社会法的制定必须解决和回应经济和社会问题，社会立法力求能够符合德国国家目标。社会法法典化过程首先从社会保险法开始。1952年，德国联邦劳动部起草了《联邦地区社会保险统一法》。随后基督教民主党在汉堡大会上通过了"整体社会保险新框架"的改革方针，力图协调不同层级效力的社会法。1952年，德国工会联盟在柏林大会上提出，要求每个公民都能通过请求权获得充足且公平的社会给付。1954年，联邦劳动部认为社会法立法必须着眼于整体，且必须具有一致性。劳动部建议整合分散的社会法并制定统一法典。[1] 1970年成立的"社会法法典化计划"专家委员会（Sachverstandigen-kommission）由社会法和劳动法学者领衔，社会法院、行政法院法官和社会组织代表也参与了法典编纂。

德国社会法种类繁多，各个层级的法律规范交织。要整合现有的给付法律关系必须按照一定的标准和结构，这成为德国社会法典的核心问题。德国社会化法典的结构划分标准随着学界研究深入逐渐发展。

德国学界将社会法分为社会保险法、社会预护法以及社会救助法三类。随着国家给付范围的扩大，德国社会法发展出了不同的新理论，以区别于旧的分类方法。有学者将社会法体系分为预护法（versorgesystem）、损害补偿体系（entschädigungsystem）以及衡平体系（ausgleichssystem），即细分为损害补偿体系（schädenausgleich System）与遭受不利补偿体系（nachteilsausgleich System）。[2] 也有学者认为必须更新社会法典的内部结构，汉斯·查赫（Hans Zacher）教授区分了预护制度、补偿制度以及衡平制度，他认为衡平制度可以通过社会救济和社会促进来实现。随着社会法研究的继续发展，德国学界将社会法划分为三类：社会保险法、社会补偿法、社会救助和社会促进法。这种对社会法典的划分方法就是著名的"三柱理论"（Dreisaeulentheorie）。

---

[1] Zacher, *Einführung in das Sozialrecht der Bundesdeutschland*, 1983, S. 20ff.
[2] Gitter, *Sozialrecht*, Artikel3, Rn. 10.

社会法典总则编主要规定社会法典的任务和社会权。总则编第1条规定："社会法典下的法律应体现社会正义和社会安全的价值，划定社会给付费用，社会法应该致力于以下内容得以实现：确保人性尊严的生存条件；创造能使个人人格（尤其是青年）得以自由发展的社会条件；保护和援助家庭；个人能够获得生活所需，并能自由选择工作；个人通过扶助的方式避免因为生活风险而负债。"[1] 社会国竭力对抗经济的贫困以及对社会中某一阶级和团体的歧视。社会法典要履行前项的任务，并制定具体法规。以上条文明确指出了社会法典的任务和目的。

《基本法》第20条规定，德意志联邦共和国是社会国，国家必须承担"社会秩序形成"的任务，必须担负起照顾人民的义务。社会国原则作为基本法上连接法治国原则的基本价值，在社会法典的立法任务和目的中明确地体现了出来。社会行政程序法等一系列程序法也是以社会国原则为基础。联邦社会法院和联邦宪法法院在一系列有重大影响力的判决中使用社会国原则作为论证理由，从而开启社会国原则的司法实践。社会国的落实使得法治向更高形态的方向演进，并促进重大社会价值融贯于实质法治国。

4.2.2 社会保险制度与社会连带

现代社会分工体系高度细化，人们凭借劳动和就业来保障自己的基本生存。一旦失去了工作或者不能获得相应的劳动报酬，原先依赖薪酬的生活就陷入危机。国家法定的社会保险制度就是为了防范危机，通过提前支付一定的费用来对抗生活变故时遭遇的风险。社会保险制度是个人危机和社会秩序的减压装置。法定保险制度保障群体中缺乏风险应对能力的个人。从经济角度讲，现代社会保险制度是通过个体最少的保险支出达到对不确定多数人生活水平的保障。这也是社会资源有效配置的范例。

《社会法典》总则第4条在一般意义上规定了公民的社会保险请求权，每个公民都能够在社会法典框架内请求参加国家的社会保险计划。社会保险主要由疾病保险、护理保险、意外事故保险和退休金保险构成。一旦成为整个社会保险制度的一员，公民便能依法获得国家规定份额的养老、护理、疾病、意外事故、退休、老年保险。他们能要求国家采取必要的措施来保护、恢复和重建个人工作能力。患有疾病者、母亲、工作能力减损者、年老者都能请求国家经济救助，甚至是已经死亡的参保人的家属也有请求经济资助的

---

[1] Bley, Helmar, *Lexikon der Grundbegriffe des Sozialrechts*, 1988.

权利。[1] 尽管依据《社会法典》总则第 2 章第 4 条规定，失业保险属于劳动促进法的范畴，但其仍然构成社会保险法的第五大支柱。

社会保险法从私法中汲取了重要的基本原则和立法技术。这是因为私法和社会法同样都关注个体生存保障，法定社会保险有助于社会政治目标的达成。社会保险法安全网不仅能提供最低限度的风险控制，同时能促进社会团结，贯彻社会国原则。[2] 此外，它还平衡各个社会阶层，社会保险制度具有收入再分配的功能。社会保险法对低收入者及需要扶养较多家庭成员的人有所倾斜，处于共同体弱势地位的成员也能享有基本限度的保障。这就是无条件的绝对保护原则。[3] 基于先行原因的社会给付建立起社会安全网，在维持最低限度的生存保障时，公民能通过自己的能力获取社会财富。

在法国社会学家狄骥看来，人是社会性动物，每个人都不是孤岛，无法独自生存，而必须和同类在社会中一起生活。出于血缘、地缘、个人志趣或社会分工的原因，个人与社会产生连带关系。每个人有求生的需要和减轻痛苦的愿望，必须在集体共同的生活中相互帮助才能实现。因为个人禀赋和能力的不同，个体之间通过交换劳动来满足需要。社会保险法正是连带社会关系的反映，其基于"社会连带"思想的"整体公平"，也体现了"社会衡平"的思想。个人通过自己的先付劳动获取国家或组织在个人生活陷入困顿时的扶助。[4] 值得指出，社会保险法注重的并非个人在给付与缴费关系上的公平性，德国社会保险收支模式的特点是实行现收现付制。德国是第一个完成从基金制向现收现付制转型的国家。德国筹资机制的选择与团结原则和辅助性原则的贯彻程度有着密切的关系，立法者对于国家与社会关系的认识从本质上决定了筹资机制的选择。

4.2.3　社会补偿法与社会团结

在社会利益结构日益复杂、利益关系交错的现代社会，个人利益、公共利益和国家利益之间的冲突难以避免。在这种复杂格局下，法律站在何种立场，保护谁的权利，作出何种利益选择成为必须慎重思考的问题。

法治国家和法治社会的核心价值是公平正义和平等，简单粗暴地对不同利益主体的利益进行强制转移只会带来消极后果。在平等公正基础上，尊重

---

[1] Bundesministerium für Arbeit und Soziales (Hrsg), *Übersicht über das Sozialrecht*, 9. Aufl., 2012.
[2] Gitter/Schmitt, "Soziale Sicheheit durch oeffentliches und Privatrecht", *SDSRV*, Bd. 51, 2004.
[3] Raimund Waltermann, *Sozialrecht*, C. F. Müller, 2012, S. 59.
[4] 狄骥：《宪法论》（第一卷），钱克新译，商务印书馆1959年版，第63页。

相对人的意思并采取民主协商方式才能达成权益置换和改革。立法者也要注重平衡的立法政策。如果特定社会群体获得某种利益的前提是他人让渡或割舍自身利益，出于正义原则的考虑，则利益得到保全的一方有向作出牺牲的一方补偿的义务。[1] 在国家处于非正常状态下，如果发生战争和自然灾害，则国家应该在事后对因保全或促进社会整体利益而在身体、精神和财产上受损的公民进行物质、精神或劳务给付。这种古老的衡平思想在现代法律中被称为社会补偿制度。

社会补偿法律建立在法国社会学家涂尔干的有机团结理论基础上。涂尔干认为，有机团结是随着社会分工而出现的，建立在社会分工和个人异质性基础上的一种社会联系。分工越细，个性越鲜明，每个人对社会和其他人的依赖性越深，因而社会整体的统一性也就越大。与此相对应的是机械团结，它是建立在社会中个人之间的相同性或相似性基础上的社会联系，社会呈现高度的一致性，社会成员的相互依赖性低。涂尔干将法律分为惩罚性法律和补偿性法律。惩罚性法律主要存在于劳动分化程度较低的社会，补偿性法律主要存在于劳动分化程度较高的社会，其目的在于维持或保护社会中各种专门化了的个人和社会群体之间相互依赖的复杂模式。20世纪社会全面进入高度分工的状态，有机团结的状态下的社会更需要制定补偿法来黏合特定的群体。德国社会法典中专门规定了社会补偿法（sozialeEntschädigung），对健康受到特殊损害或者由于其他原因受到损害的人承担补偿责任。1956年德国通过了《联邦赔偿法》，个人因为战争原因受到的伤害由联邦政府和各州政府共同承担。1957年联邦议院又通过了《联邦财产返还法》，为战争受害者通过司法程序收回自己的财产提供了法律依据。这些法律致力于修复受损的社会关系，促进社会有机团结。

我国有赔偿法律制度，但没有专门的社会补偿法。社会补偿不以违法或违约为前提。我国存在部分失独家庭，对这部分群体而言，失独家庭特别扶助金发挥的作用十分有限，无法保障失独家庭成员的正常生活，有必要对类似群体给予国家补偿。除此之外，还有一类社会风险未被社会保障制度所涵盖，即为保全公共利益而割舍、放弃个人合法权益的特别风险。这类风险诸如因见义勇为、因参与志愿活动而受伤、受损，因突发公共事件遭受损害、损失，因政策执行、调整、失误而造成个人损失重大利益，因遭受犯罪侵害而未获赔偿等。对于这类风险，国家目前或者有政策无法律，或者有法律但

---

[1] Hauck, Karl: Sozialgesetzbuch, Kommentar, mehrbändiges Loseblattwerk.

难以操作，这使得受损者、受影响者的权益得不到确定的保障，这是我国社会法制建设的潜在漏洞，应通过建立社会补偿法律制度予以弥补、完善，以做到有法可依。

4.2.4　社会救济和社会促进制度

德国的社会救助起源于中世纪由城市、教会或手工业行会向贫病者提供的慈善救济。19世纪开始的工业革命使贫困人口激增，弱势群体的生活境况不断恶化，贫困阶层参加工人运动的积极性空前高涨。为了缓和社会矛盾，加强对社会的控制，普鲁士王国先于1842年颁行了《普鲁士穷人照顾法》。统一的德国最早的社会救助法是魏玛共和国1924年颁布的《帝国救济义务条例》和《关于公共救济前提、种类和范围的帝国基本原则》。《社会法典》第12部第1条将社会救济的任务界定为："使受助者能够合乎人类尊严地生活。"社会救济的目的是帮助自助者（HilfezurSelbsthilfe）。依据德国社会法典总则第9条规定，对于需要承担生活重担的人，或者处于特殊生活境遇需要帮助的人，或在另一方面没有获得足够的生活上帮助的人，在法律上可请求国家给予个人经济上的帮助。[1] 这种帮助以特定人群的需要为目的，它使得个人可能重新回归团体生活。

联邦德国于1961年制定了《联邦社会救济法》（BSHG），对社会救助作了原则性规定。这一法律的实施细则交由地方制定，具体的救助对象和救助额度等则由各州立法决定。社会救济的给付依据是社会法典总则第1章第28条，这条法律规定了对人日常生活中出现的年老、能力减损、疾病、残障人士给予救济，为他们提供生存照顾。社会救济并不以债务和贫困为先决条件，它的本质是最后救济。[2] 每一个申请社会救济的人都应该认真考虑自身贫困状态。1954年7月24日，联邦宪法法院司法判决承认公民享有社会救济的法律请求权，将可能诉诸法律的范围拓展至申请人之外。社会救济法依据基本法原则设定给付范围和给付情形。按照社会法典第2编规定，自2005年1月1日起实施的失业救济金比生活救济金占据更重要的位置。接受者通过国家给付的社会救济使生活得以维系，保障其自身符合人性尊严的生活。这个目标是根据社会国原则和基本法第1条人的尊严以及人格自由发展的权利推演出来。

---

[1] *Sozialgesetzbuch*, Textausgabe（Beck – Texte im dtv），41. Aufl.，2012.

[2] Statistisches Bundesamt（Hrsg），*Statistiches Jahrbuch* 2012 *für die Bundesrepublik Deutschland*，S. 220.

《社会法典》第12编第9条规定社会救助必须实行个体化原则，也就是说，对个人社会救济的类型、形式和标准必须结合个体实际情况进行确认。而这其中最重要的是考察申请救助者的需求类型，尤其考察申请救助者的家庭关系和社会关系。针对受助人不同的生活境况，国家提供了不同的救济形式。社会救济的给付始终是自我救助的工具，社会救济对个人生活仅发挥辅助性而非主要作用。社会救济法规定了7种类型：生活费用补助，指持续给付的用于保障受助者最低生活水准的生活费用，包括用于食物、住宿、衣物、个人卫生、家用器具、取暖以及满足日常生活个人需要的费用；对65岁以上的老人和18岁至65岁长期就业能力减损的贫困者提供持续的基本保障；为没有医疗保险的贫困者提供健康救助；为残障人士提供融入社会的帮助；对需要长期或特殊、重症护理的人提供救助；帮助处于特殊社会困境的人克服困难；对处于其他人生境遇的贫困者的救助如对盲人、老人的救助以及丧葬补助。[1] 国家通过给付金钱、实物和服务，基本上涵盖了公民生活中需要救助的方方面面。其中，金钱是最主要的给付方式。在生活费补助金支付方面，德国每五年都要确定一个标准支付值（Regelsatz），救助申请人获得的实际支付则根据其家庭结构及子女年龄，综合考虑各种因素后，按照预定标准计算得出救济数额。救助机构可以向求助者提供咨询、建议、联络信息、陪伴等服务给付，以帮助其寻找住房、养老院、培训机构等。实物给付形式在社会救助中则很少运用。社会救助的主管机关是市、县的社会局。将社会救助事务的行政管理权和财政负担下放到市县一级政府，有利于促使地方政府采取积极措施救助弱势群体，使其早日自力更生或进入其他社会保障体系。[2] 行政机关作出社会救助决定时必须依照《社会法典》第10编（行政程序和社保数据保护）规定的行政程序。该部法律细致规定了社会保障给付中行政机关应遵循的行政程序和当事人的程序权利（听证权、阅卷权等）。这部法律对个人社保数据的提取、加工、保存、转交、更正、消除等也作了非常具体的规定，也从数据保护的角度加强了对求助当事人的权利保障。

社会救助法契合社会国原则的精神，是其内涵和制度的最直接体现。社会国原则的核心要素之一就是保障最低限度的人性尊严，社会救助法主要承载这一功能。除了社会救助法外，社会促进法通过增强个人在社会竞争中的能力，夯实社会条件来发展个人人格。对个人人格的重视植根于西方个人主

---

[1] BMAS, *Sozialhilfe und Grundsicherung*, 2010, S. 16 ff.
[2] 喻文光：《德国社会救助法律制度及其启示》，载《行政法学研究》2013年第1期。

义传统。个人区别于动物之处在于其高贵的灵魂和思想，人格是个人独特的标识，是维护个人尊严的必要条件。保持人格的独立性和健康发展才能最大限度激发人的想象力和创造力，这是国家和社会进步的动力。人格的发展需要精神和物质层面上的扶助。具体来说，个人只有首先挣脱国家、社会和家庭的束缚，摆脱对贫困和饥饿的恐惧，才有提升自身竞争力的可能性。

除了社会救济法外，德国还出台了一系列的社会促进法。德国社会促进法主要分为职业促进（Arbeitsförderung）、家庭给付（Familienleistungen）、残疾人的分享（Teilhabebehinderter Menschen）以及住房津贴（Wohngeld）等[1]。社会促进法以社会救助法为基础，它鼓励和扶助公民为个人发展提升自身能力，促进了人才的流动和社会活力。这种社会给付夯实了社会安全制度。

4.3 社会法院的建立以及社会行政程序法

德国不仅在实体法上制定了《社会法典》，同时也通过程序法来保障社会国原则的落实。德国在司法程序上设置了专门的社会法院，将社会法案件作为专门类型案件单独审理，形成了完整的社会法院司法体系。

4.3.1 德国司法体制

德国《基本法》第20条第2项规定了国家的权力分立原则："所有国家权力来自人民。通过公民选举和投票并由立法、行政和司法机关行使国家权力。"这表明德国宪制结构采取议会制共和制的模式，司法权与行政权、立法权相互制衡。《基本法》第92条规定了司法审判权。[2]《基本法》第95条第1款明文规定法院设置体系。[3] 根据德国《法院组织法》，主要的法院系统可分为联邦法院系统和各州法院系统两个层次。按照主管范围又分为宪法法院（Verfassungsgericht）、普通法院（Ordentliche Gericht）、行政法院（Verwaltungsgericht）、劳动法院（Arbeitsgericht）、社会法院（Sozialgericht）、

---

[1] Kittner, Michael/Deinert, Olaf, Arbeits-undSozialordnung, Gesetzstexte, Einleitungen, Anwendungshilfen, 37. Aufl., 2012.

[2] 第92条："司法权委托法官行使。联邦宪法法院和本基本法规定的各联邦法院和各州法院行使司法权。"

[3] 第95条："对于普通法院体系、行政法院体系、财税法院体系、劳动法院体系和社会法院体系，联邦相应设立联邦最高法院、联邦行政法院、联邦财税法院、联邦劳动法院和联邦社会法院为联邦各个最高法院。"

财政法院（Finanzhof）六种法院［后四种法院统称为专业法院（Fachgericht）］，除了宪法法院，其他五种法院的联邦级法院组成联合审批委员会（Gemeisamer Senat der obersten Gerichtshöfe des Bundes），它们之间互相不隶属。每一个法院系统都有自身的管辖范围，以分散权力和专业化审判。每个专门法院体系下设有下级法院，其中，社会法院审级下设有社会法院（Sozialgericht）、州社会法院（Landessozialgericht）及联邦社会法院（Bundessozialgericht）三级法院管辖社会法案件。[1] 德国设置专门的社会法院有其历史缘由。19世纪80年代，德意志帝国为了落实社会保险制度而设立了专门的仲裁院，随后这一职能由国家行政机构承接。1884年设立的帝国保险局一直存续至1945年，是德意志帝国社会保险最高行政管理机构。[2] 1954年1月《社会法院法》生效，明确规定了专门的社会法院管辖权。根据德国《社会法院法》第51条规定："社会法院审理有关社会保险、疾病保险、失业保险、战争受害者补偿等争议。"社会法院采取三级三审制，拥有审判权的法院由职业法官和荣誉法官构成。

地方社会法院中审判庭由一位职业法官为审判长，另有两位荣誉职业法官担任陪审法官。而州社会法院的审判庭则由三位职业法官以及两位荣誉法官组成，荣誉法官选任方式相比地方社会法院更为严格。[3] 与一般行政法院不同，荣誉法官在第三审中可以参加审判工作。德国专门法院之间分工细致，这样有利于具有专业知识的人员处理案件。但是仍然存在着管辖权冲突，构成对法律体系的冲击。对于审判权限争端，德国司法体系采取的是"先到先受理原则"，也就是一旦一个专业法院依据普通管辖权受理了该案件，则其他法院不能再受理。

4.3.2 设置社会法院专业法庭

德国设置专业法院或者专业法庭审理有关社会保险案件。联邦社会法院的大合议庭设置规定："大合议庭应包含院长、专业法庭职业法官一人，而由该法官所属之合议庭非由院长充当审判长；两名荣誉法官应该从保险机构及劳工代表中选任。"职业法官必须从保险人、雇主、医师、疾病保险机关以及照顾义务人中选择。从特定团体和机构中选拔人员组成能够更充分全面地代表各方利益，而专家的判断也有助于争议的解决。在社会法院中，若从

---

［1］ Die Sozialgerichtbarkeit（*SGb*）.
［2］ Kunze, Thomas/Steinmeyer, Heinz Dietrich, *Die Sozialrechtsklausur*, 3. Aufl., 1996.
［3］ Hennig, Werner（Hrsg）, *Handbuch zum Sozialrecht*（HzS）, mehrbaediges Loseblattwerk.

陪审员的意义上看,"荣誉法官"与其说是少数陪审员倒不如说是具有专家资格的陪审法官。

大量的案件涌入社会法院,法院无力承担审判工作。德国法设置了案件过滤机制,通过行政复议程序降低案件数量。1991年,德国将复议规定为诉讼前的必经程序。德国负责处理社会争议的复议机构有两类:一为劳动局的复议处,由劳动局的公务员组成,负责处理与失业保险有关的争议复议;另一机构为各种社会保险经办机构的复议委员会,由保险自治机构的代表和社会保险机构的代表共同组成,负责处理失业保险以外的社会保障争议。当事人在社会法院提起诉讼要以社会保险机构的决定或裁决为前提。当事人在提起诉讼之前要先由复议机构进行复议。复议申请首先要交由原作出决定的部门进行重新审查,如果该部门认为申请人的申请具有法律和事实依据,原处理决定确实存在偏差,可以认可申请人的请求,并作出新的决定。如果该部门认为原处理决定正确无误,由复议委员会进行最后审查并作出最终复议决定。若当事人不服复议结果向社会法院提起争议诉讼。德国《基本法》96条第1项规定了社会法院审判权,社会法院遵循以下诉讼基本原则:调查原则(Ermittlungsgrundsatz)、实质真实原则(Grundsatz der materiellenWahrheit)、职权原则(Grundsatz des Amtsbetriebes)、直接审理原则(unmittelbarkeitsgrundsatz)、口头辩论原则(Muendlichkeitsgrundsatz)、迅速原则(Beschleunigungsgrundsatz)等。[1] 而与行政法院类似,社会法院所处理的诉讼类型包括撤销之诉(Anfechtungsklage)、义务之诉(Verpflichtungsklage)、确认之诉(Feststellungsklage)以及给付之诉(Leistungsklage)。[2]

4.3.3 社会法院司法实践中的社会国原则

根据联邦《基本法》第1章第95条,德国设置了联邦社会法院作为专门高等法院。社会国原则通过联邦法院独立的司法判决来实现。

联邦社会法院的司法判决在社会法院内部发挥指导性作用。在大陆法系国家,这些判决并不是成文法上的法律规范,对后续判决并不具备不可推翻的约束力。但是这些判决作为准权威法律渊源,仍然对制定法的适用和解释有着重要的作用。它们对后来的司法判决具有事实上的说服力,这些判例成为法官处理类似和相同案件的标杆,法官在作出类似案件司法判决时不能无

---

[1] Eberhard Eichenhofer, *Sozialrecht*, Tübingen: Mohr, 1995, S. 133.

[2] Gitter, *Sozialrecht*, artikel 52, Rn. 39.

视这些先例。

联邦社会法院在判决中对社会保险法中疾病、工伤事故、职业能力减损等一般列举的概念进行司法解释，使这些概念得以界定内涵和外延。通过司法解释，社会国原则得以不断具体化。社会国是"基本原则规范"，是"与基本权利等同的权利"。社会国原则是积极的、直接的、有约束力的宪法规范，其对所有的国家权力机关施以影响。社会法院也认可社会国原则是法官首要考虑的宪法原则。社会国原则被视为"授权委托"，为了增加"社会活力"的"立法者任务"，或是促进公正社会秩序的形成。只有这样，作为实质政治决断的社会国才能实现。立法者通过社会国原则重建社会正义，同时给予贫穷者救济。但社会国的实施是有条件的，对国家财政支付能力有着很高的要求。在经济增长迅速、国家财政基础雄厚时，这是国家义务。在经济衰退时，社会国原则构筑起来的安全网也能安定国家秩序。

依据联邦社会法院的司法判决，立法者不需要确立社会给付的具体范围。法院认定对战争伤残者和战争受害者的照顾属于国家给付任务。1980年，联邦社会法院通过一系列判决弥补了立法上的疏漏。司法判决限定需要给付照顾的人的范围，将失业者和身体残疾者也考虑进来了。不可忽视的是，对部分需要国家补偿的人较晚才被纳入照顾范围内，这主要是出于节省护理费用的考虑。司法判决亦是政治意志的体现，是对社会国理想的实践。社会国与其他国家任务一样处于同等重要的位置。当然这其中也有着巨大的博弈空间，社会国原则本身的宽泛性和不确定性导致其并不能得到直接适用。司法判决无法将政治决策中可能存在的缺陷清除，法官们无法凭借单一的法律原则来进行法律适用。法官并不需要裁决立法者是否制定了最合理合法的法律，否则自身会陷入违反德国政治结构和民主原则的泥淖中。

联邦社会法院无法根据《基本法》第1章第1条、第2条和第20条的内容推导出所有残疾人必须强制施行疾病和退休金保险。而根据联邦社会法院的另外判决，立法者同样需要限制社会预护的人的范围，这种做法并不违背《基本法》第1章第20条的社会国原则。社会国原则并不妨碍立法者修订关于预护保险对象的范围，对战争受害者预护的范围以及一系列法律规定。联邦社会法院法官对医疗费用分摊条款、丧葬费用的削减规定和养育院需要的给付排除规定进行了违宪审查，在审查法律条款时将社会国原则作为重要审查依据。立法者致力于促进社会形成，这一过程往往会形成对部分团体的合法优待，但这并未显失公平。

联邦社会法院在大量的案件中，依据社会国原则进行审查和矫正，不可否认的是，社会国原则平衡社会落差，将社会不公降低到更低程度。联邦社会法院在判决中将社会国原则与《基本法》上的其他原则联系起来进行解释。法官从人性尊严条款和社会国条款推导出了国家为实现"最低限度的人性尊严"和"最低限度的社会安全"。但当公民缺乏法定的请求权基础时，联邦社会法院在一系列案件中拒绝从社会国原则中推导出个人对国家给付的请求权。《社会法典》已经清楚地阐释了权利义务法定的原则，只有法律规定和允许的社会给付范围内的权利和义务才可以被设立、确定、更改和完善。社会国原则不是单项权利的法理基础，社会国原则与平等原则在宪法教义学等重大问题上共同发挥作用。联邦社会法院所作出的司法判决曾引发巨大的讨论，法官从《基本法》第20条中的法治国原则和社会国原则中推导出了个人职业教育促进的法律请求权。由法官来确认法律上的请求权尚属首次，但法官辩称这一请求援引的是社会国原则"促进或鼓励"的特征，而并非援引法律之外的物质请求权。人们认为社会国不仅有公正照管公民的义务，也期待国家自身承担起构建公平社会秩序的责任。基于社会国原则的最低要求，任何不带"社会"色彩的立法活动是不被允许的。

而联邦宪法法院拒绝将调整社会结构的任务和公民具体请求权连接起来。卡尔斯鲁厄的法官们反对从已存的社会保障体系的宪法保障和组织原则中发展出社会国原则的教义学。联邦宪法法院最终确认基本原则之一的社会国原则的重要性，并指出社会国原则条款是宪法解释中的偏好条款。联邦社会法院不能再根据《基本法》第20条的规定发展出新的权利要求。联邦社会法院作出了医疗保险支付能力的联邦担保责任判决，依据这个判决，德国成立疾病保险地方管理处。1961年8月28日，联邦社会法院还作出物质给付请求权判决，法官在判决中澄清："社会国家原则是基本法的基本规范，是立法者已经规定的社会国任务，而不是社会权意义上的所有权保护的义务。"这是法院基于社会和经济关系变化而及时作出的法律调整。在德国面临经济结构转型、高失业率和高劳动力成本的状况时，联邦社会法院的判例往往能发挥引领性的作用。如果没有社会法院持续不断地突破已存的社会法中请求权的限制，那么社会国原则的开放性也就无从谈起了。与其他宪法原则一样，社会国条款遵循法律解释的一般原则和方法。

同时，联邦社会法院通过变通的方式将政治情势嵌入法律秩序中。根据基本法律解释方法，法官不能修改或放弃适用具体案件中的规则，必须在法律续造上保持克制态度。联邦社会法院将社会国原则作为对法律解释的理由，并没有确立社会国原则的优先地位，也没有树立相关合理请求权的范本。联邦社会法院的判决没有承认有利于参保人的"禁止倒退和恶化"原则。这些判决确定的原则渗透到其他基本权利中,影响了与平等权和与财产权相关的社会请求权。

4.4 其他社会立法与社会国原则

4.4.1 《共决权法》与社会国原则

在主要资本主义国家中,德国企业由于劳资矛盾发生的罢工次数较少,规模相对较小,这是因为德国较早地在企业中推行共决权制度。这一制度以法律的形式固定下来。德国的共决权(Mitbestimmungsrecht)独具特色,是社会国原则在劳动法领域的直接体现。共决权机制由劳方和资方共同参与组成,劳工参与共决是职工与雇主共同参与企业决策、共同管理企业的过程,是德国社会民主的重要表现形式。围绕共决制,德国制定了相应法律,其是德国工人运动以来劳方和资方形成的稳定关系模式下的法律产品。德国的职工"共决权"分为两个层面:一个是在工厂或基层企业层面,主要通过企业委员会来实现,其包括"共同决定"(Mitbestimmung)和"参与协作"(Mitwirkung)两种权利;另一个是在总公司或母公司级企业层面,即企业管理层面,主要通过监事会来实现。这种职工代表进入公司组织机构的形式也被称为"共同决定"(Mitbestimmung)。一般把职工两个层面的"共决权"统称为 Mitbestimmungsrecht。

德国的职工参与共决模式在处理劳资关系和践行职工民主管理方面发挥重要作用。共决制缘起于工会在采矿和冶金行业推动的职工同等参与共决运动。[1] 200多年前,早期空想社会主义者就已经提出职工参与企业共同决策的思想。魏玛共和国时期,资产阶级《魏玛宪法》同样把职工参与共决写入条文中,并予以明确规定。工会是德国职工参与共决制度产生和发展的重要组织形式。第二次世界大战后,德国最终确立了职工参与共决制度,革新的德国工会联合会重提经济民主的诉求,主张企业职工在重大经营决策和经济发展中在企业用人权、财权等方面享有决策参与权。"二战"后,德国在政治和经济发展上受到战胜国的压制。为了抵抗战胜国对德国工业产能的压制,煤矿和钢铁行业开始允许职工和股东代表参与企业监事会,行使相应的

---

[1] 丁智勇:《德国经济领域中的共决权》,载《德国研究》2001年第3期。

权利和职责。这些行业的雇主试图通过这种方式来获取工会的支持，这种方式随即在其他行业展开并得到推广，这是职工共决制的历史基础。1951年，德国制定了共决制的第一部正式的法律《煤钢共同决定法》，2004年，出台了《三分之一参与法》。

民主国原则是德国基本法上的重要原则，民主精神不仅体现在政治程序中，更体现在经济生活层面。相比资方，处于信息不对称劣势一方的劳动者没有自身利益代言人，更遑论将自身意志反映到企业生产发展过程中。[1]《共决权法》旨在矫正不对等的地位，一方面是长期劳工运动的成果，另一方面也是经济民主的体现。德国现今的企业共决委员会早在19世纪就有了组织的雏形，其可以追溯到早期企业内部产生的职工委员会。职工委员会由雇主设立，是资本权力的延伸，有限度地维护职工的利益。企业职工和雇主处于不平等的地位，这一委员会的设置多具有安抚和惩戒的功能。

现今的德国职工参与共决制是传统和现实糅合的产物，是不同利益集团之间相互妥协的结果。德国企业共同决策机制是德国公司治理的核心内容。职工参与共决包括生产层面和经营层面。与德国共同决策制度并驾齐驱的是解决劳资关系的集体谈判制度。集体协商制度不受地区干预，享有自由设定工资水平的权利，且这项权利受到德国基本法的保护。这也为劳方与资方的谈判留下了更多的空间。公司的"共同决策"制度和关于薪资待遇方面的集体谈判制度重新塑造了工人和股东的权力格局，劳方拥有了议价的权利，从而能更好约束企业管理者和股东为处于弱势地位工人的利益考量。德国职工参与共决体现在具体法律规则上。德国工厂或基层企业层面的职工"共决权"主要由1972年颁布的《企业组织法》规范，规定了在该层面由企业委员会代表职工的集体利益，以及实施职工在各方面的共同决定权。德国《共决权法》的出台是莱茵模式在法律上最直接的体现，也是经济民主的重要表现方式。1976年颁布的《职工共同决定法》规定了在资合公司和营利合作社，凡是职工人数超过2000名的，都必须引入等额"共决权"，即在监事会中职工代表和股东代表各占一半。[2]《共决权法》规定，企业雇用人数如果超过500人，则企业要建立相应的工会，以参加企业的共同治理。如果企业的雇员在2000人到500人的区间中，那么工人代表则需要占据董事会总席位的三分之一。而劳方亦可以派代表参与到资方的监事会中去，行使监督

---

[1] [德]瓦尔特·欧根：《经济政策的原则》，李道斌译，上海人民出版社2001年版，第132页。
[2] 庞文薇：《德国职工"共决权"何去何从?》，载《德国研究》2006年第3期。

职权。[1]

德国的职工参与共决制度是在企业组织结构的框架下建立的，参与共决法律规范真正规范职工参与共决主体——职工监事的产生。这项制度对企业日常经营管理活动不会带来负面影响。另外，与《股份法》等企业组织形式法之间相互衔接，使职工参与共决制度具备了程序上和实体上的双重保障。德国职工参与共决以及相关的企业组织形式法律规范让该制度真正落到实处，从而发挥相应作用。

4.4.2 就业促进法与社会国原则

在经历残酷"二战"后，德国经济百废待兴，度过战后恢复期转而进入快速发展状态。经济的高速发展需要充足的劳动力，德国战后人口减少使其无法应对这一问题。因此，自20世纪60年代，德国开始调整就业保障模式以为经济提供充足劳动力，变原先的消极保障为积极保障。

1969年，德国制定《就业促进法》（Arbeitsförderunggesetz）推动就业保障模式向"积极就业"的转变，这不同于原先德国对失业者提供救济的模式。该法第1条规定：德国在整个经济、社会政策的范围内争取达到、保持较高的就业水平，不断改善就业结构。[2] 以《就业促进法》为主体的一整套法律制度通过向失业者提供工作和培训机会、促进充分就业，在保障社会经济稳定发展、应对失业问题等方面发挥了积极作用。

德国促进公民就业深谋远虑，从教育制度设计中可窥一斑。德国重视技术教育和职业教育，高等教育施行双轨制，学生自中学起就可以选择职业教育或传统大学教育。选择职业教育的青年除了在职业学校接受学习外，还可以在企业内部接受职业培训。德国企业为进修者提供技术培训的费用由各州政府支付。除此以外，如果劳动者在工作中参加继续教育和进修，仍可选择德国为在职者和转行就业者提供的职业进修和改行培训。职业进修和改行培训所需费用由政府提供或承担，或者通过补贴和贷款来解决。[3] 成熟的培训教育体制为以培训为中心的就业促进政策提供了基础。就业培训为工业腾飞提供了大量熟练、高技能人员。

德国联邦劳动局（BA）及其下属的设在各州、各地区的州劳动局、地方劳动局是《就业促进法》规定的承担就业促进的主体。各级劳动局要处理

---

[1] Klaus J. Hopt/ Herbert Wiedemann, *Mitbestimmungsgesetz*; hrgWalter de Gruyter 2009.
[2] 汉欧力：《德国就业促进法概况》，载《德国研究》1996年第4期。
[3] 刘青文：《德国就业促进法概况》，载《法学杂志》1997年第2期。

失业、低劣性就业和劳动力短缺的问题,也向求职者提供职介服务。劳动局和其他有关机构还可以通过执法活动规范劳动力市场。2000年,经修改的《就业促进法》规定各级劳动局还需要承担劳动市场研究、职业咨询和职业介绍的工作。[1]

德国《就业促进法》规定为失业者提供失业保险金和失业救济金,但是有正常劳动能力的失业者要准备接受劳动部门安排的新工作,以再次进入就业市场。法律还针对失业者出台了专门的鼓励政策,如果失业人员获得企业的雇用,则其可获得安置补助。失业人员获得的安置补助最高可达到工资的50%,期限最长是两年。自谋职业的失业者还可获得自谋职业补助。[2]

为与《就业促进法》衔接配套,德国还制定了多部法律。1969年,德国颁布了《联邦教育法》《职业培训法》《解雇保护法》来保障企业雇员的利益。企业无正当理由不得与在企业工作满6个月的雇员解除劳动关系。雇员被企业解雇后可通过职工委员会,在一到三周内与雇主协商,也可以发动诉讼程序来保障就业权。1970年,德国颁布制定《联邦教育促进法》,1981年颁布实施《职业培训促进法》。《就业促进法》给予公民个人发展自身能力和个性的机会,从而能更好地参与劳动分工。公民人格获得自由生长的空间,才能发挥自己的才能,在劳动和日常生活中获得人性尊严。这种制度安排也体现基本法上社会国原则的精神。

以《就业促进法》为主体的法律制度向失业者提供工作和培训机会、促进充分就业,在保障经济稳定发展等方面发挥了积极作用。这种制度安排深刻地彰显基本法中社会国原则的精神。我国也出现了日益突出的失业现象,高校毕业生就业、农村大量隐性失业、农民工就业等成为政府亟待解决的问题。德国制定实施《就业促进法》,多种制度配套积极推进积极就业的思路值得我国借鉴。

小　结

理解社会国原则必须考虑具体时代背景。"二战"后,德国迫切需要走出战败国阴影,与纳粹政权作切割,振奋民众失望和弱势的心态。德国联邦政府提出将国家任务放到重建经济上来,通过积极的社会政策刺激经济发

---

[1] S. Bothfeld, W. Sesselmeier, C. Bogedan, Arbeitsmarktpolitik in der sozialen Marktwirtschaft, 2012.
[2] 金涛:《德国就业促进法特点及经验》,载《人民论坛》2011年第35期。

展，积极建设社会国家。一系列社会和经济政策使德国在较短时间内得以恢复实力。社会国作为德国价值主轴不仅呈现为学说论争，更贯彻在具体法律实践中。作为宪法委托的社会国原则负有将国家意志转化为具体法律实践的任务。在半个多世纪的法制实践中，德国通过《社会法典》《劳动法》和《共决权法》等法律描绘了社会国原则的制度图景。

德国社会法治源远流长，"二战"后在社会国原则指引下其内容更加丰富。社会国制度化是以《社会法典》的编纂和最终完成为标志的。《社会法典》有着内在的逻辑结构，其主要内容可以分为社会保险法、社会补偿法、社会救助法和社会促进法。社会保险法为德国公民抵御风险，稳定社会秩序设置了安全网。社会救济法成为社会安全的兜底性法律，补齐社会最短板，保障最低限度的人性尊严，缓解可能出现的阶层之间的矛盾。社会救济法是整个社会保险制度的基石。社会促进法仍然从个体出发，致力于提升个人能力，为个人人格自由发展提供了条件，增进个体与群体间的关系黏性，促进更高层面社会团结。社会补偿法主要针对德国在"二战"特殊时期的战争受害者，补偿措施实现了恢复性正义，个体能因为制度错误得到相应补偿，这是社会正义的具体体现。我国当下尚未建立完善的社会安全法制，急需制定完备的社会保险法，统一社会救助标准，扩大社会补偿的范围，推出社会促进措施，提升社会凝聚力。社会国原则的具体化不仅表现在实体法上，更体现在程序法上。德国在司法体系内设置了专门的社会法院，从联邦到州建立了完整的社会法院体系。法官在一系列司法判决中引用了社会国原则作为判决理由。我国现有法院无法为社会权提供司法救济，但可通过其他法律制度的设计来实现这一功能。

除了社会法典以外，社会国原则的精神也体现在其他形式法律中，德国《共决权法》彰显了经济民主的特质，使日耳曼法团主义传统焕发出新的光彩。当下我国建立了较为完善的社会主义市场经济制度，更需要继承和发扬本土的经济民主，重新挖掘"鞍钢宪法"的历史价值，彰显社会主义制度的优越性。总体来说，德国社会法典为社会立法树立典范。德国《共决权法》、就业促进法等其他社会性立法也展示了社会国的丰富内涵。我国同样需要公平正义的社会秩序，在社会主义原则的法理基础上，厘清社会法的基础概念和内涵，推进包含社会保险法、社会救助法、社会促进法，以及包含劳动法律制度的社会法典建构。

第 5 章 联邦宪法法院司法实践中的社会国原则

"一战"后,奥地利在法学家凯尔森法学理论的基础上在普通法院之外设立了以保障法律合宪性为直接目的宪法法院(Verfassungs-gerichtshof)。奥地利《宪法》规定,仅有宪法法院能行使审查国家法律有无抵触宪法,以及命令有无抵触法律的权力。这是在美国违宪性审查之外开创的新的合宪性审查传统。1949年,联邦德国比较奥地利宪法法院以及美国司法审查制度两种宪法审查体制的优劣,选定宪法法院这一方案。

《基本法》第93条规定了宪法法院审理案件的范围,由宪法法院行使宪法解释权力。联邦宪法法院的主要任务是通过合宪性审查程序,对广泛意义上的法律规范进行司法审查,对不符合宪法精神的法律宣告无效或废止。联邦宪法法院所在地是巴登符腾堡州的卡尔斯鲁厄,而非当时的首都波恩,以此表示宪法法院的政治独立性。

合宪性审查是现代宪法体制的重要组成部分。作为基本法原则,联邦宪法法院围绕社会国原则构建了其法教义学图景。宪法法院法官作出的许多重要判决与社会国原则息息相关,影响了德国社会政策发展的走向。

5.1 作为直接请求权的社会国原则

德国是成文法国家,法官依据法律条文作出司法判断。法官无法从社会国原则中直接推导出主观请求权,但是司法上的可能性并没有被完全排除,德国宪法法院通过判决留下这一可能性的出口。公民请求最低限度生存权保障是其中的重要一项,联邦宪法法院承认了这一请求权的合宪性。宪法法院依据的社会国原则、《基本法》第1条第1项人性尊严条款与第2条平等原则是最低限度生存保障的请求权基础。

基本权理论中具有里程碑意义的案件是德国宪法法院作出的关于教育权

的判决。20世纪60年代中期，德国的部分政治团体在教育领域掀起新的改革，期望国家在公民受教育权上投入更多资源，让公民在教育领域获得更多的平等机会。[1] 学界也出现了支持教育革新的声音，国家法学者瑞德（Ridder）教授认为社会国原则应该体现为教育公平。20世纪六七十年代以来，联邦德国进行的一系列教育改革为提高教育质量、促进教育公平起到了进一步的推动作用。70年代国家法学者认可每个公民都应该享有平等教育权。在这种期望推动改革的社会氛围下，联邦宪法法院作出了著名的大学招生名额判决。1970年德国《巴伐利亚州大学入学许可法》对高校入学许可制度进行规定。其中第2条规定："在大学注册应具备，曾受大学前教育、依现行规定能提出证明的资格。""在顾及大学容纳能力，以维持正常教学、急迫必要时，个别院系方得对其接受学生及旁听生的数目加以限制。入学许可名额每次仅以一年为限。"原告所在的巴伐利亚州教育文化部出台大学录取学生名额的规定。扣除特殊部分的针对贫困群体和外国人群体的申请名额后，其中占申请名额60%的人依据其报考资格及高中毕业会考（Abitur）成绩，剩下的40%的入学名额则按照申请年限长短来录取。申请者选择的不同的就读院系还会对高中结业成绩作出不同的要求。

依据《大学入学许可法》第3条第2款的规定，住所在巴伐利亚州的申请人，申请就读于离其住所最近的巴伐利亚州境内大学者，成绩加1分。曾服役或代替役的新生，在其服役前其所院选系并无入学许可限制者，将被优先考虑录取。在本案中，原告申请攻读慕尼黑大学医学系，学校却拒绝了其申请，法律依据是巴伐利亚州《大学入学许可法》以及《本州学生优惠法》。该学生不服慕尼黑大学医学系的说明，进而向慕尼黑行政法院提起诉讼。最终，案件上诉到联邦宪法法院，原告认为学校给出的依据是不合法的，要求联邦宪法法院对巴伐利亚州《大学入学许可法》进行合宪性审查。

联邦宪法法院对巴伐利亚《大学入学许可法》中涉及学生入学名额的第3条和第4条进行了审查。宪法法院认为：巴伐利亚州《大学入学许可法》与《基本法》中的社会国原则和平等原则不符，这一法律侵犯了公民享有的《宪法》第12条保障自由选择职业及教育的权利。联邦宪法法院法官认为，基本权利不仅要求国家不得干预公民个人事项，同样也包括要求国家承认公民分享给付的请求权。国家在整体范围内已经建立起教育制度和广泛的教育

---

[1] Zu Reformen und Planung im Bildungswesen statt vieler Jochimsen/ Treuner, *Staatliche Planung in der Bundesrepublik Deutschland*, in Lowenthal/Schwarz（Hrsg）, Zweite Republik, 1974, S. 843-864.

机构，公民能享受宪法规定的受教育权。在法治国及社会国里，立法机关的立法活动不能违背宪法精神，不能仅依据自身想法来规定可能受益的公民群体，并恣意剥夺其他公民的基本权利。这种狭隘做法势必会出现操控职业、侵害权利的现象。联邦宪法法院通过社会国原则和平等原则推导出公民的给付请求权。宪法法院法官的解释是，法官可以依据《基本法》第12条关于职业自由的规定、第3条一般平等原则以及社会国原则来判断公民的权利和国家相应的给付义务。公民可以向司法机关请求获得高等学校学习名额。根据这个判决，高等学校只能在特定情形下对入学名额作出限制。一般来说，因为社会国原则内容的抽象性以及开放性，法官不能从社会国原则中直接推导出合法的权利要求和具体立法行为，在德国法中，社会国原则通过成文法律和有效力的规范来具体化，社会国原则由此可以成为相关请求权在寻找法律依据时的间接解释依据。联邦宪法法院认为，要使社会充满向上的活力必须重视社会国原则的宪法教义学理论发展。[1]

5.2 社会国原则对基本权利体系的冲击

5.2.1 财产权的社会义务

资本主义法律中财产权神圣、所有权绝对的观念在德国《基本法》中并不存在。德国语境下的财产权有着浓郁的社会义务色彩。

《魏玛宪法》在条文中规定："所有权有其义务，行使财产权要兼及公共利益。"《魏玛宪法》被视为先进的资产阶级宪法，这是宪法首次规定财产权的社会义务，昭示着人们关于财产权认识的重大进步。

《基本法》第14条继承了《魏玛宪法》的这一规定，德国是"社会的联邦国"和"社会的法治国"。德国国家所有的法律都需要考量社会国原则。《基本法》第14条第1款则直接规定："宪法保障财产权和继承权。有关内容和权利限制由法律予以规定。"这一条款与财产权义务的规定结合，描绘出《基本法》对私人财产权的保障水平。第14条的第2款和第3款则强调财产所有者的社会义务。其中第2款规定："财产应履行义务，财产权的行使应有利于社会公共利益。"第3款则规定："只有符合社会公共利益时，方可准许征收财产。对财产的征收只能通过和根据有关财产补偿形式和程度的法律

---

[1] Joerg Luecke, a. a. O., S. 24; Klaus – Albrecht Gerstenmaier, a. a. O., S. 72f.

进行。确定财产补偿时，应适当考虑社会公共利益和相关人员的利益。对于补偿额有争议的，可向普通法院提起诉讼。"《基本法》第 15 条规定，在一定的前提下，可以将私有财产收归社会所有。这些条款都折射出财产权所具有的社会属性。

德国财产权的社会义务并非学者抽象出来的结果，而是有着法律规范基础。《基本法》第 14 条第 2 款是财产权社会义务的直接规范依据。法官在作出相应判决时必须援引《基本法》第 20 条和第 28 条中的"社会国原则"。这一原则的理念之一就是克服自由资本主义放任竞争带来的弊端，立法者的合法性根基是建立"公正的社会秩序"。为实现"为所有人提供有尊严的生活"的目标，并努力"使有产者和无产者的法律保护水平逐渐接近"，立法者在利益衡量时对弱势群体倾斜，以弥补由现实条件造成的不平等，并达到基本"社会平衡"。

社会国原则也是公民财产权的法律限制规定。如果个人和组织恣意地处分财产，且这种处分行为不利于"社会平衡"和"社会公正"目标的实现，法律就应对这种行为进行必要的限制。

德国房屋租赁法律规制就是典型的范例。"二战"后，因为战争毁损严重，德国住房极度短缺，房屋出租价格大幅度上升，许多居民无法承担其所承租住房的费用。为解决这一难题，政府实行了租户权益保障措施，对房租实行严格的管控政策。德国社会超过 60% 的人群长年租住房屋，房租的高低直接关乎个人利益。为了保障公民最基本的居住条件，德国制定了住房法律制度。德国法律禁止房屋所有人通过出租房屋获得暴利。法律对房屋租赁公司和房主出租房屋作出规定，要求三年内房租的涨幅不得超过 15%。同时，房屋租金应该根据各州经济发展水平来确定，州政府制定了专门的政府"指导价格"。房主或租赁公司出租房屋价格必须在合理区间内，如果价格上浮超过 20%，那么承租人有权向法院起诉。出租人必须经过房客协商才能提高租金，而不得强行涨租。2016 年 3 月，德国《租房法修正案》获得通过，这部法律被称为《限制房租法》。与以往不同的是，《限制房租法》对房租上涨限制得更为彻底，由三年内涨幅不得超过 20% 改为不得超过 10%。如果租赁公司或房主的房租超过各地政府的"指导价格"的 10%，房客可向法院提起诉讼。与《限制房租法》相配套的是《租金补助法》。对租金进行补助已经成为德国住房政策的核心内容，对于无力购买住房的人，德国政府主要是通过发放租房补贴的方式帮助其租房。德国在住房权方面的法律也较好地稳定了房屋租赁市场。德国通过类似制度保护了在经济竞争中落后的弱者免受经济霸权的侵害。《限制房租法》实际上构成了对出租人财产权的限制，但这一法律毫无疑问体现了社会国的核心价值。

1956年，联邦德国还颁布了《商店停止营业时间法》(Ladenschlusgesetz)，对营业自由也作出一定的限制。法律规定商店在星期天和法定节假日不准营业，正常工作日的营业时间从7点到18点30分，晚上6点30分后就不再营业。这一关于营业时间的法律是为了给劳动者提供良好的工作条件，保障劳动者休息权，避免长时间的工作损害身心健康。德国珍视家庭价值，注重对妇女和儿童的保护。法律规定了较早的停止营业时间，以方便母亲能回家照顾子女。法律对家庭价值的重视超出对效率的追求。法律对营业自由作出相应限制，着眼于整体社会秩序的和谐，这是社会国原则在具体社会法制中的运用。

5.2.2 社会国原则对财产权的限制

社会国原则还体现在对公民财产权的限制层面。德国《宪法》第14条规定："财产权负有义务。财产权之行使应同时有益于公共福利。"这使自由法治国下的对财产权绝对保护原则发生变化，社会国原则下的财产权还应承担相应的社会义务。联邦宪法法院作出的判决进一步确认和强化了财产权的社会属性。

建设社会国家提出了新的命题：公民的"社会保险权"是否构成财产权？国家是否给予这一权利同等的保护力度？比如依据《年金保险法》获得的退休金、失业救济金以及按《就业促进法》获取的生活费和过渡费用能否享有财产权地位。在较长时间内，联邦宪法法院一直将这个问题搁置。最终，联邦宪法法院通过判决回答了在何种条件和情况下，公民的社会保险金享有财产权的法律地位。

自《魏玛宪法》以来，财产权保障功能仅在于确保人民私有财产不受国家不法干预。除非公民公法上的请求权具备私法财产权特征，否则其将无法得到宪法保障。其中的典型例子是《社会法典》规定的照护请求权(Fürsorgeanspruch)。德国联邦宪法法院一直对宪法财产权保障以及公法请求权持审慎态度。联邦宪法法院明确否定公民照护请求权的合法性。因为一旦认可这一请求权属于宪法财产权保障的范围，如果立法者基于财政负担或社会政策考量调降给付标准或废除给付，将会减损财产权利。这种行为事实上构成了对公民财产的征收。国家必须先对公民进行补偿才能合宪地缩减或废止，这将限缩立法者在社会政策与立法上的形成自由。立法者只能调高社给付的标准或者创设新的权利，而不得作不利变更，这样会导致社会政策和社会立法的僵化，也会给国家带来沉重的财政负担。

由于法院否认社会保险请求权导致公民基于社会立法所享有的权利无法实现，因此累积了很多社会给付请求权宪法保障争议。直到20世纪70年代，联邦宪法法院法官开始转变保守的态度。1971年，联邦宪法法院在判决中否认了严格区分公法和私法请求权的做法，认为这种区分忽视了变化的社会现实。社会国家已深刻影响现代社会，改变了人民的生活方式，公民享有公共福利成为全球范围内的共识。公民赖以生存的物质基础已经不限于房屋、土地等财产，也包括薪资及相关社会保险给付等。倘若宪法财产权保障目的在于确保人民在稳固的经济基础之上，使人得以自由发展人格，宪法财产权的保障对象应当扩张至确保公民生存经济基础的公法请求权。[1] 法院认为承认公法请求权并不会威胁到立法者的形成自由，联邦宪法法院在之后的判决中沿袭了这一观点，并总结关于这一议题的核心争论点。这些争论点包括：立法者对公法上财产权之形成自由的界限；当缩减社会给付请求权时，国家应该如何对公民作出补偿。

联邦社会法院支持社会保险权利的法律地位，并将社会国原则作为论证的法理基础。早在1959年，联邦社会法院作出判决，认为社会保险权具有"财产权"的主观权利面向。这项判决对宪法基本权利解释作出了重大贡献，也早于联邦宪法法院最终作出对社会保险权的认定。1980年，联邦宪法法院在年金判决中认定社会保险法律关系中的公法请求权能获得与财产权相同的法律地位。在案件中，原告主张将其法定年金保险期待权纳入夫妻离婚剩余财产分配。初审法院认为，夫妻财产分配制度会让离婚者承担巨大的财产负担，这种年金保险期待权与《基本法》第1条人性尊严条款、一般行为自由和《基本法》14条对财产权保障相抵触。联邦宪法法院探讨了公法上的给付请求权与期待权是否属于宪法财产权保障的范围。从判决结果看，联邦宪法法院提出三项判断标准肯定了给付请求权中社会保险年金权利的财产权属性。[2]

公法上请求权与期待权应得到财产权的保障，国家不得随意剥夺公民的此项权利，这将保护法的安定性与受益人的信赖利益。宪法法院认为，将社会保险年金纳入财产权范围将拓展财产权的受益功能。公民享有请求参与分

---

[1] BVerGE2, 380 (420); E69, 272.
[2] BVerfGE 53, 257 = NJW 1980, 694ff.

享国家资源的权利，而立法者只需制定法律保障人民得以向国家请求给付。即使国家财政经济存在困难或既有资源分配不符合社会现实需求，立法者也无权减损公民的这一权利。但绝对观点可能导致资源分配僵化，违背社会公平。如何取得平衡是公法上的给付请求权需要解决的问题。

联邦宪法法院法官在判决中赋予公法上的请求权和私权同等的保护地位。国家对公民的社会给付分为两种，一种是国家的无偿给付行为，另一种是基于公民先行给付。宪法法院对具有财产价值的权利并非完全一致支持，因为公法上的特定社会给付是为了实现既定行政目的。这项给付是为了实现公共利益且涉及国家资源的分配，并非私人主体之间的行为[1]。在本案中，获得社会保险年金权利的基础是被保险人事先缴纳了相应的保费。宪法法院在论证过程中指出，基本法保障的财产权不仅包括民法上的财产权，也包括公法上社会保险权。社会保险权被纳入保障范围必须满足个人支配性（private Verfügung）、基于个人之前的给付（Eigenleistung）、生存保障（Existenzsicherung）这三项标准。只有某项社会保险权满足了这三项标准才能得到宪法财产权保障。[2] 个人支配性指此项权利属于特定权利主体，公民行使权利并不取决于行政裁量，只需要满足等待期间和保险事故的发生，在此种情况下期待权就可以成为请求权。基于个人先前给付是指权利主体先行缴付保费。另外，社会保险权还必须是为了保障公民的基本生存。大多数公民除了私有财产，也依赖通过自己的劳动所得和缴纳保险费用而获得的社会保险权益。

社会保险权的权利结构可以从两方面进行分析。其中之一是个人关联性要素（PersonalerBezug），是指被保险人缴纳保费所累积的基数。基数是保障保险人对团体所作出的贡献，据此公民主张法律上给付的正当性地位，立法者不能任意缩减。其中之二社会关联性要素（SozialerBezug）则是基于社会平衡原则，计算被保险人未缴保费年数和基数，这种方式具有社会再分配的作用，并不因被保险人的给付所取得，其允许立法者斟酌社会需求和国家财政能力来决定。[3] 年金权利地位与个人关联性要素和社会关联性要素相关，前者是财产权保障的核心，立法者不能随意进行缩减和干涉，而后者则可因国家财力等因素适当进行调整。如果社会保险权利满足了两项要素，即应赋予财产权的保障地位。

---

[1] Stober, Eigentumsschutzim Sozialrecht, *SGb*, 1989, S. 52 (56).
[2] Grimm, (Fn. 21), S. 228.
[3] Wallrebenstein, (Fn. 22), S. 200ff.

联邦宪法法院在此判决中考虑到国家的社会给付能力,基于财政、社会经济条件的考虑,仍留给立法者修正的空间。公法上的给付请求权如果基于公民与国家间的单向给付,如法律规定的国家支付的社会救助,就不具备财产权性质。基于公民与国家之间的双向给付关系,公民先前给付所形成的社会保险给付期待权和请求权则受到《基本法》第14条的保障。

德国联邦宪法法院于1980年作出的指标性判决承认了保险人基于社会保险立法取得社会法定保险年金期待权。这个案例事实部分涉及离婚年金权利分配制度。依据1976年德国《亲属法》实施的年金分割制度,夫妻一方在婚姻关系存续期间取得的年金期待权纳入夫妻离婚剩余财产分配范围,包括属于公法性质的公务员退休金期待权以及法定年金期待权。原告认为此项规定对财产权形成不当干预,进而提起宪法诉讼。德国联邦宪法法院认为,公法上具有财产价值的权利,包括条件或期限已经达成的权利以及尚未成就的期待权,并非宪法财产权保障的对象。公民所请求的权利必须具备三项条件才能受到《基本法》上财产权的保护。

德国学界对联邦宪法法院在1980年提出的三项审查标准多有批评。大部分学者同意个人先前给付是社会保险给付得以享有宪法财产权保障的核心要素。被保险人的保险请求给付权是基于个人所缴纳的保费,且保费与给付之间具有一定对价关系。个人依据自身能力获得私有财产,由此塑造出社会保险给付的个人支配性,与私法上所有权人对其权利的支配性相当。德国基本法对财产权的保障并不在于消除社会不平等,而是以法律手段调整公民在国家财富分配中的位置。"二战"后,德国公民开始依赖大幅度国家社会给付,1980年作出的判决契合了德国所处的时代环境,也顺应了德国社会国的潮流。在社会国原则指引下,虽然三项审查标准中的"具有个人支配性"以及"基于个人先前给付"仍保留了自由法治国的财产权理念,但宪法法院打开了传统财产权保护的口子,社会救助、社会补偿、社会促进等单向给予被排除出宪法财产权保障范围。仅以缴纳保费为前提,具有相互性支付性质的社会保险给付才能得到保障。宪法法院作出的宪法解释与社会国原则相呼应。德国社会保险强制性投保对象虽然几经扩张,但是仍以就业关系为基本前提,不包括失业者及社会救助申请者。这种社会国家区别于普惠型的北欧社会福利国家。

进入20世纪80年代后,德国因为不断攀升的财务负担而逐渐调整法定年金保险法。联邦宪法法院一方面肯定法定年金保险权利和失业保险金等各种社会保险给付权受到宪法财产权保障,另一方面,透过层级化财产权操作来保障立法者的形成自由。

5.3 主观权利视野下的社会国原则

德国《基本法》明确舍弃了《魏玛宪法》中的列举式的社会权，而笼统以"社会国"作为总括抽象规范。联邦宪法法院以及学术界保留公民根据《基本法》享有向国家请求给付的社会基本权。法院通过阐释具体判决来调整社会政策，以确保其随着时代变迁享有灵活调整的空间。

5.3.1 免予课税的最低标准

在广泛的立法形成空间中，德国学术界对公民最低生存保障经历了数次转向。《基本法》对最低生存保障并未作出具体规范或定义，其是联邦宪法法院从《基本法》的人性尊严条款和社会国原则中推导出来的。

基于人性尊严条款，20世纪50年代联邦行政法院认为法律不得将公民视为客体，社会救助的申请人是自由法治国家下的公民，社会救助申请人依法律规定享有主观公权利，这纠正了长久以来社会救助只是反射利益的观点，国家对公民的社会给付是国家对公民的积极保护义务。联邦宪法法院采取否定态度，认为人性尊严条款的设置仅针对各种损害人性尊严的不人道的行为，无法从其中推导出国家有确保公民最低生存保障的义务。在1975年孤儿年金判决案中，法院的态度发生了转变，法官认为国家有义务对因身心障碍无法自主生活的公民进行社会救助。

德国法律中没有关于公民生存权保障的明文规定。在法院早期的判决中，法官将人性尊严与最低生存基础视作两个概念，前者是对人的自主性的维护，使人不受贬抑和蔑视，后者则是保障最低生存所需，乃属社会国的任务。[1] 在著名的联邦行政法院客体公式（Objektformel）判决中，人的主体性再次得到强调，最低生存保障与人性尊严相联结。[2]

1976年子女免税额（Kinderfreibetragsbeschluss）判决将最低生存保障的义务延伸到了税法之中。联邦宪法法院认可立法者用儿童金（Kindergeld）取代子女免税额上享有立法形成空间。在1990年免除税率的最低生存保障（Steuerfreies Existenzminmum）判决案中，联邦法院法官指出其宪法基础就是

---

[1] BverfGE1, 97 (104f).
[2] 客体公式指具体的个人被贬为客体、纯粹的手段或是可任意替代的人。

人性尊严条款和社会国原则。法院将这种国家义务发展到税法中来，要求公权力的行使不能危及人民最低生存标准。在这个判例中，符合人性尊严生存保障的功能在于防止国家征税权力的不当干预。一般认为，基于社会国原则及平等原则，最低生存保障不仅限于满足最低生理需求，人不是孤立的个体，而是在社会中生存并与其他人产生连接的个人，应满足符合社会参与的最低需要。在社会救助法上，人性尊严条款与社会国原则发挥价值引导的作用，无法推导出社会救助之特定项目与具体数值，仍由立法者或行政权来决定。

在 1990 年给付课税判决中，纳税人为维持符合人性尊严的生活所获得的国家给付不需要缴纳国家税费。联邦宪法法院更引入一般行为自由作为最低生存基础之保障的依据。联邦和州范围内的税法免税额应该与社会救助的最低生存基础挂钩，否则对生存保障课税将侵害公民基本权。[1]

5.3.2 尼古拉斯案与最低医疗保障标准

除税法和社会救助法规定了对最低生存保障的标准外，联邦宪法法院在 2005 年作出了著名的尼古拉斯判决，即法定疾病保险的最低生存保障判决，确立了公民的最低医疗保障标准。[2] 在这一案件中，医生为患有罕见疾病的原告采取了某种特殊的治疗方式，成功地改善病人的病情并延续其生命。但是该项治疗并不在法定疾病保险合同所列的给付列表中，保险机构认为必须由病人自己承担高昂的治疗费用。病人不服，起诉到初审法院，初审法院法官以诉讼争议的治疗方式并不在法定医疗范围内，且该项治疗方法未经证实其效果，不符合经济效益原则，驳回由保险机构承担治疗费用的请求。原告不服，案件最终起诉到宪法法院。

联邦宪法法院法官认为，初审法院忽视了病人在疾病严重时生命所遭受的威胁。放任公民的生命处于危险状态而不予以救治与宪法最低生存保障的宗旨不符。[3] 联邦宪法法院从一般行动自由权及公民身体完整不可侵犯来论述医疗最低生存保障的宪法基础，并没有引用人性尊严条款。法官通过检视宣告法定疾病保险不予给付项目，进一步推导出最低生存保障所需的医疗给付。

首先，国家推行社会保险制度并强制人民参加保险，这在一定程度上限

---

[1] BverfGE89, 346 (352).
[2] BVerfGE 75, 348 (360).
[3] Neumann: Das medizinische Existenzminimum NZS 2006, 393.

制了人民的一般行为自由，其正当化理由应与社会国原则一并得到重视。基于社会国原则，国家有义务保障公民免于贫困和疾病恐惧的自由。公民缴纳的社会保险保费与国家的社会给付之间并非完全对价的关系。被保险人的权利和义务均由法律所明文规定，无法要求社会保险提供特定具体的医疗给付。但社会保险的保费与国家提供的医疗给付之间仍必须符合比例原则。公民依法参与社会保险缴纳相应保费，在生病时应该获得国家基本医疗照顾。尤其当公民生病受到威胁时，不得以治疗方法超出给付项目范围拒绝给付。[1]

其次，公民的生命权是法律保护的基本权利，其宪法基础是公民身体和人性尊严的完整性不可侵犯。国家透过社会保险制度来保障人民身体完整性，国家有义务提供基本医疗照顾。德国学者认为，上述判决以客观法义务为出发点，欲使一般自由权与身体完整性的权利增加国家保护义务的面向。由此确立国家在社会保险领域对被保险人亦负有最低生存照顾的义务。[2]

5.3.3 "哈茨 IV"法案与最低生存保障标准

在法治国家，执政者推行社会政策都必须通过法律的形式来落实。德国社会政策深刻影响宪法法院的司法判决，典型性司法判决亦推动和促进社会政策的进一步发展。在社会国原则的发展史上，不得不提影响深远的哈茨法案。这项法案对德国 21 世纪国家社会保障制度建构具有重要意义。

为了提升德国劳动力市场的活跃度，德国联邦总理施罗德在 2003 年提出"2010 议程"计划。这项计划主要目的是防止德国染上福利国家病症，解决劳动力市场疲软、社会保险制度负担过重和社会竞争不足的问题。"2010 议程"包括一揽子方案，涉及就业、教育、科研、家庭等领域。该议程将重点放在三个主要领域：加速经济增长，改革社会保障制度，以及提高德国的国际地位。其中由皮特·哈茨领导的，由工会代表、雇主协会代表和政府组成的"劳动力市场现代化服务委员会"提出了专门的调查报告。德国政府审议通过重量级的《劳动力市场现代化服务第四法案》，简称"哈茨 IV"法案。该法案主要针对社会救助制度进行改革。2002 年 8 月，"哈茨小组"提

---

[1] BverfG (Kammer) 12. 5. 2005 NVwZ 2005, 927. Zum Gegenwärtigkeitsprinzip Ralf Rothkegel, in ders. (Hrsg.), *Sozialhilferecht*, 2005, S. 57f.

[2] Becker, Das Recht auf Gesundheitsleistungen, in: Massen/Jachmann/Groepl (Hrsg), Nach geltendem Verfassungsrecht, *Festschrift für Udo Steiner zum 70*, Geburtstag, Stuttgart 2009, S. 50 (50ff); Neumann, (Fn. 92), S. 1 (10ff).

出研究成果，被称为"哈茨提议"。从 2003 年 1 月实施"哈茨 I"（Hartz I）方案，到 2005 年 1 月年推出"哈茨 IV"方案，迄今仍在不断修改。2002—2005 年，哈茨法案开始运行。"哈茨 IV"法案旨在加强政府就业服务，扶助现阶段失业、但自身能够再次进入劳动力市场的公民，提高失业者领取失业津贴的要求，缩短失业金领取时限，合并了失业和社会救济。德国失业救济金分为一类失业救济和二类失业救济。按照这一法案，这类公民将获得失业救济金，而其未满 15 岁的子女及不具备谋生能力的家庭成员有资格获得国家的社会救济金。这种合二为一的救济金被称为"第二失业金"。第二失业金明确了 345 欧元的标准救济金，从 2005 年开始，与失业者长期共同生活的公民有权获得 311 欧元的国家补助。与合并前的救济规定相比，国家一次性支付第二失业金，只有在极为特殊的情况下给予临时性的救济。领取"哈茨 IV"救济金的人有义务接受"合理可期"的工作，也要接受就业中心所安排的职业培训，无正当理由拒绝者将会减少"哈茨 IV"救济金。第一次拒绝者，减少 30%；第二次拒绝者，减少 60%，第三次拒绝者，取消全部救济金。

"哈茨 IV"法案充满争议。虽然随着它的实施，德国开启了 21 世纪的"就业奇迹"，失业者从 400 万人降到 200 万人，长期失业者从 160 万人降到 100 万人，失业保险金的费率得以从 6.5% 降到 3%，进一步减轻了受雇人和雇主的负担。然而，因为缩短了刚失业者所领取"一类失业金"的给付期限，而且大幅调降长期失业者所领取"二类失业金"的水准，使得许多人在一年内必须接受工作，任何工作，即使是低薪、派遣，或者迷你工作（Mini-job）。接受"二类失业金"的人认为联邦劳动局所核定的补贴金额过低，立法者在设计第二失业金时依据的《标准费率条例》是以 1998 年公民的收入和消费的样本为基础。公民认为这一标准不符合法律救济精神，选定标准与现有的社会发展水平不相匹配，因此不断向德国社会法院提起诉讼。"哈茨 IV"一词在德国已成为贫穷、社会阶层降低的代名词。

关于"哈茨 IV"法案是否符合《基本法》社会国原则引发争论。2010 年，这一法案最终交由联邦宪法法院来审查其合宪性。《基本法》第 93 条第 1 款规定，联邦宪法法院的职责之一就是审查和判断联邦层面和州层面的法律在形式和实质上是否与基本法相符。基本规范大多没有明确的实质判断标准。经民主合法程序选举出来的议会根据多数原则作出决定。对于立法者在其权限范围内作出的决定，联邦宪法法院应尊重宪法秩序。[1] 联邦宪法法院

---

[1] 刘飞：《德国公法权利救济制度》，北京大学出版社 2009 年版，第 123 页。

的审查要点包括：哈茨法案是否符合基本法人性尊严和最低生存保障目的；立法机关是否选择了评估最低生存权的合适计算方法；立法机关是否对社会事实有了清晰的认知和了解；立法者还必须说明其采取了科学合理的方法并选取准确的数据，在以上基础上作出立法决策。[1]

德国联邦宪法法院作出哈茨法案的最终判决，法官裁定"哈茨 IV"法案违宪，与其子女的救济金条款违反了德国《基本法》第20条第1项和第1条第1项。法院裁定立法机关应于2012年12月31日之前制定新的救济标准。这一判决的意义在于明确肯定了公民依据《基本法》第1条第1项人性尊严条款和社会国原则两项理由，要求国家承担符合人性尊严的最低生活保障。其突破了德国长期以来的学界和司法界通说，一定程度上打破了行政和立法部门分配国家资源的固定印象。哈茨判决将最低限度生存标准具体化也引发了关于其是否破坏了德国宪制的争议。

对提交联邦宪法法院的哈茨法案来说，违宪的争议点在于立法机关是否选用了合适的救济金衡量方法。救济金的计算方法属于立法者的具体裁量范围，如果法院严格遵守立法机关的政治决定，则会导致宪法审查机制失去功能。联邦宪法法院建构了二元审查结构，针对不同对象采取不同的司法审查强度。

联邦宪法法院认定立法机关最终确立的救济金标准具有合理性。宪法法院认为救济金与最低限度生存权密切相关，这关系到宪法规定的人的尊严。法官必须认真评定救济金出台的程序和方法，以保证其能实现对公民的救济目标。在这一案件中，联邦宪法法院再次扩大解释最低生存权的内容，将其范围由物质层面拓展到精神层面，最低生存权不仅指物质层面的基本生存，也包括最低水平地参与社会、文化和政治生活。[2] 这种方法事实上使最低生存权超出了个体范畴，将个人的社会属性也纳入其中。

宪法法院审查了345欧元救济金的数据来源，立法者将1998年调查数据作为2005年计算救济金的基础。立法机关所依据的数据没有考虑未成年子女在不同成长阶段的需求，而采取一刀切的标准。宪法法院还需要审查政府支付社会救济金的方式是否合理合法。宪法法院认为"哈茨 IV"法案中救济

---

[1] Stolleis, DieRechtsgrundlage der Regelsaetze unter besonderer Beruecksichtigung verfassungsrechtlicher und Sozialhilferechtlicher Grundsaetze, NDV1981, S. 99（101）.

[2] BverfGE125, 175; Vgl. Spellrink, zur Zukunft der pauschalierten Leistugnsgewährung im SGB Nach der Entscheidung des BverfGE vom9. Februar 2010, Sozialrecht aktuell 2010, S. 88（88ff）.

金的给付方式与基本法人性尊严和社会国原则不符。[1] 法院经过审查认定，社会救济金结果具有合理性，但救济金计算机制不合宪。由于计算机制对计算结果有直接影响，这一矛盾将导致哈茨法案违宪，立法机关也负有重新计算救济金的义务。联邦宪法法院通过其司法裁量标准替换了立法机关的标准。虽然大陆法系秉承成文法的传统，但是法院的判决发挥了法律续造的功能，越来越多地影响法律走向。司法判决约束力的提升依靠的是宪法法院的司法解释，但是这也会引发对"法官造法"的忧虑和对立法机关权威的冲击。[2]

哈茨法案之所以备受争议，是因为救济金的调整削弱了德国广大的中低收入阶层。立法者的本意是希望能缓解高福利引发的社会问题。但民众则认为，"哈茨Ⅳ"法案并没有削减国家的财政负担，也没有起到让失业者再次进入劳动力市场的作用。联邦宪法法院从"人性尊严"条款和"社会国原则"条款出发，审查救济金的计算方法，最终作出"哈茨Ⅳ"法案不合宪的判决。"哈茨Ⅳ"法案拓展了社会基本权的宪法保护，法官构建两个层次的审查结构，最终确立了对社会救济金的实质性审查。这种审查刺激了公民提起大量社会权利的宪法诉愿。哈茨法案表明公民不仅可以对具体的社会给付提起权利诉求，还可以对立法过程的公平性、合法性和科学性进行审查。

以程序要求取代实体标准使"哈茨Ⅳ"法案判决受到学界的重视和讨论。将最低生存保障权定位为人民的基本权利固然可以强化人民的司法救济途径，但从判决内容可以看出，联邦宪法法院并未承认人民可以直接依据人性尊严条款请求国家给付特定金额。最低生存保障作为一项基本权利，其意义与功能需要进一步检视。德国学者认为，基本权与国家保护义务之客观面向并无差异，符合人性尊严的最低生活保障还需要借助立法加以具体化。基本权利要求社会立法必须符合《基本法》所保障的人性尊严，同时直接赋予人民依据《基本法》请求的权利。[3] 最低生存保障这项基本权利仅为给予立法者说理义务（Pflicht des GesetzgeberszurBegruendung von Gesetzen）以及请求立法者说理的基本权利（Grundrecht auf begruendeteGesetze）。在"基本权保障"和"立法形成自由"这对命题中，联邦宪法法院以程序取代实质的

---

[1] Federal Constitutional Court, Standard benefits paid according to the Second Book of the Code of Social Law ("Hartz IV Legislation") not constitutional.
[2] BverfGE 125, 175 (222ff.).
[3] Wahrendorf, "BverfG9.2.2010: Gibt es ein Grundrecht auf Sicherung des Existenzminimums?", *Sozialrecht aktuell*, 2010, S.90 (90ff).

方式，回避了具体标准如何设定的难题，也松动了德国学界严格遵守立法权和行政裁量权的界限。人性尊严保障条款作为社会救助法的宪法基础，需要透过法律规定来厘清救助项目和内容，公民才能依法请求社会给付。又因为人性尊严条款具有高度抽象性，法官难以依据《基本法》人性尊严条款和社会国原则来认定符合社会经济条件之最低生存标准，法院只能作宽松审查。

学者比巴克（Bieback）认为，社会救助标准给付本质上是一项政治决定，若其内容不合时宜，则行政部门和立法部门必须承担政治责任。但是，将给付标准完全交由立法者政治意志决断，则极有可能使社会弱势者成为社会资源分配博弈中的失败者。[1] 对比之下，联邦宪法法院在判决中以程序确保逻辑一贯性，以程序实现基本权，亦即着重于逻辑一贯性的审查与决策透明化（Transparentsgebot）要求。法院要求立法者完成说理义务，必须提出调查最低生活需求的方法和所引用的数据，使其决策过程透明化，法院可以据此检验立法者所设定的社会救助法是否符合基本权利的内涵。把最低生活保障的基本权利程序化，一方面能够使最低生活需求的实质标准随着社会发展而得到适当调整，另一方面，对基本法的解释也不会丧失着力点。联邦宪法法院的判决在论证上避免了对最低生存保障权利之具体内涵直接作出决定，从而展现出了积极审查的态度，且此判决目前尚未受到限制立法者的形成自由的质疑。立法者制定的法律必有坚实的法理基础和充分的立法理由。德国宪法法院经历了学说和实务观点的转换，法官在论证中列举正反意见，完整呈现论理过程。德国联邦宪法法院无论在财产权、平等权或最低生存保障等方面都忠实维护着释宪者角色，无意限缩或取代立法者在社会政策领域的形成自由，推动了宪法解释和社会政策良性互动。[2]

5.4　难民危机对德国社会国原则的冲击

欧洲难民危机爆发以来，来自西亚北非国家的大量难民群体开始涌向高福利的欧洲国家。德国是此次难民危机中接收难民数量最多的国家，一百多万人口被分配到德国各州安置。德国开放的难民政策导致上百万身份复杂的难民涌入，德国需要耗费巨大的人力、物力和财力来应对难民危机。德国的

---

[1] Rixen, "Verfassungsrecht ersetzt Sozialpolitik? Hartz IV auf dem Pruefstand des Bundesverfassungsgerichts," *Sozialrecht aktue* Ⅱ, 2010, S. 81 (81ff).
[2] ［德］弗兰茨·考夫曼：《比较福利国家：国际比较中的德国社会国》，施世骏译，巨流图书有限公司2006年版，第265页。

难民政策极大地提高了德国的国际声望，大量难民涌入提供了劳动力，但也直接增加了德国的社会安全和经济发展风险。

此次难民危机中德国政府对进入德国的难民群体实施了高福利的难民保障制度，对德国原有的社会保障制度形成了冲击。基于"二战"期间对纳粹恶行的反思和别国对犹太难民的救助，德国专门制定了帮助难民的法律。如《避难申请者补助法》规定，每个到德国的难民都应该有尊严地生存，严禁处于难民审核期间的难民在德国境内工作，联邦政府向处于难民审核期间的难民提供食宿、卫生救济和难民子女的学习费用。德国政府采取措施，为难民提供教育和语言、工作技能培训，让难民能较快融入德国社会。部分难民在提出工作申请后三个月就能获得工作。根据德国财政部的预计，到2020年，仅为已获得合法身份的难民提供社会福利、"哈茨Ⅳ"失业金、租房补助的支出就将达到257亿欧元；其中为难民提供语言班将花去57亿欧元，为职业培训支出花去了46亿欧元。[1] 这是依靠其国内雄厚的财政实力保障实施的。

在具体保障制度层面，德国作出了相应调整。由于德国实行以支定收的基本养老保险制度，其基本养老保险替代率也一直处于稳定状态，远远低于欧洲部分福利国家平均60%的养老保险替代率。在欧洲难民危机发生前，德国养老保险缴费率一直维持在19%左右，其基本养老保险替代率大体在45%—50%。[2] 难民进入德国后，德国政府略微下调养老保险的缴费比率，从之前的19%左右的缴费率下调至18.7%。德国依靠积极的吸收年轻难民的方式来减轻养老金替代率，并在2015年将替代率下调为44%左右。在医疗保险方面，2015年德国将从前的法定医疗保险费率下调0.9%，改为14.6%，由雇员和雇主分别缴纳50%，独立经营企业主和在校大学生各自负担个人的保险费；同时联邦劳动局有义务负担失业人员的医疗保险费。难民群体中接受过高等教育的比例并不高，通过教育和就业的途径逐步融入德国社会存在困难，这一群体的高失业率也会大大增加德国失业保险的费用支出。

当前的难民危机给德国带来的影响既有积极的方面，也有消极的方面。从积极的层面看，德国对难民进行职业培训，帮助其融入社会，难民将为德国提供劳动力资源，以应对人口老龄化的挑战，未来获得的收益可能大于现

---

[1]《德国福利改革助推就业率攀高》，载《劳动保障世界》，2015年第3期。
[2] 杨俊：《德国养老金待遇确定机制研究》，载《社会保障研究》2018年第1期。

阶段的支出。难民在德国境内的刑事犯罪引发德国民众的忧虑，社会治安的风险也会影响民众对难民的态度。如果说 2015 年德国社会对难民持欢迎态度，2019 年德国的难民政策已经转向收缩。大量难民的到来可能会引发难民与本国国民之间在公共资源领域的分配冲突，进而施压德国政府调整难民政策。

当前德国政府致力于通过各种措施让难民更好地融入当地社会，但这必然是长期的过程。难民危机必然加重德国财政负担，如果德国不能保持稳定的经济增长，必然会导致严重的社会危机。在那种情形下，德国将可能大幅度地调整社会政策。

小 结

"二战"后，德国联邦宪法法院在保护公民基本权利方面发挥了积极作用。在宪法实践中，法官就社会国原则进行司法层面的探索，社会国原则成为判案的论据之一。社会国原则是法官在进行法律解释活动时有约束力的法律原则，其在法律判决中被直接引用并发挥法律效力。

在司法实践中，法官并不能根据社会国原则直接推导出主观请求权，但是这种可能性并没有被完全排除。为了保障每个人的人性尊严，法官承认了仅有的特例，即公民向国家请求最低限度的生存权。法官在论证过程中还必须引用基本法人格尊严条款和平等条款。现有社会法典在社会救济法部分明确作出了规定，这也契合立法者高扬社会正义，践行扶助社会弱势群体的任务。[1]

社会国赋予立法者的任务是促进更加公平正义的社会秩序的建立，并促进各阶层的社会团结。在德国语境下，社会国原则的引入使得财产权受到限制，法官的判决确认和强化了财产权社会属性，其中最为典型的是社会保险权逐渐被纳入宪法财产权保障范围。联邦宪法法院把对社会国原则的解释融入司法判决。联邦宪法法院肯定法定年金保险权利和失业保险金等给付权的财产权性质，符合德国社会发展的潮流，也是变化的社会政策在法律上的积极投射。除此以外，宪法也规定了其他财产权的社会义务，如在住房、营业自由等领域限制绝对财产权。

社会基本权在社会国原则的指引下取得了突破性的发展。联邦法院法官

---

[1] Vgl. Christoph Degenhart, a. a. O., S. 231.

指出，最低生存保障的宪法基础就是人性尊严条款和社会国原则。法院将这种国家义务发展到税法中，要求公权力的行使不能危及人民最低生存标准。税法免税额应该与社会救助的最低生存基础联系起来。尼古拉斯判决确认了公民可以主张自己的最低医疗保障权，这也是社会国原则在社会保险法领域的延伸。而"哈茨IV"法案在公民的社会基本权发展史上留下浓墨重彩的一笔。"哈茨IV"法案中，联邦宪法法院发展了最低生存权的内涵，将最低生存权由物质层面的生存扩大到参与社会政治经济文化生活的层面。这种释宪方式扩大了社会基本权的可能空间，但法院所采取的审查标准并没有取代立法者的形成自由，仍在法治框架下完成释宪活动。

近年来德国的难民危机并没有动摇社会保障制度的支柱。德国仅在失业保险和养老保险制度上进行了微调。为安置和帮助难民融入社会，德国承担了较重的财政负担，这建立在德国经济持续平稳增长的基础上。百万难民逐步融入德国社会，更多深层次的问题将显现出来，为实现社会国的价值目标，德国社会保障制度势必要发生变化。我国不存在大规模的难民危机，但应积极填补社会保障的漏洞，以应对国内和国外不确定性的风险。

第6章 社会国原则的中国启示

社会国原则成为"二战"后德国经济社会发展的目标之一。在战后重建、恢复社会秩序、发展经济等问题上，社会国作为国家目标引导德国走出困境并稳步发展。"二战"后，德国高度发达的形式法治面临价值空洞的潜在威胁，社会国填补形式法治的价值真空，已成为德国法治发展的新方向。中国社会法治建设可以从德国的政治法律实践中汲取经验，社会国原则的核心理念和制度架构也可为我国所借鉴。

改革开放四十余年来，中国经济社会努力完成现代化转型，综合国力极大增强，财政自主能力不断提高。前四十年是不断"做大蛋糕"的过程，在我国之后的发展道路中不仅要进一步"做大蛋糕"，更要"分好蛋糕"。党的十九大以来，我国进入新时代，社会主要矛盾发生变化，人民对民主、法治、公平、正义、安全、环境的需求进一步提高。四十年后再出发，国家面临的利益格局更加错综复杂，国家和社会治理的风险进一步增大，人民权利意识日益高涨，我们需具备巨大的政治勇气和决心，更为谨慎地选择国家道路，妥善处理经济和社会治理难题，完善我国社会法治建设，顺利完成现代化转型。

6.1 我国建设民生国家的思想渊源

中国的民本主义思想古已有之，有着深厚的思想资源。民本思想在中国近代以来的话语体系中表述为民生主义。从传统社会到现代国家，我们都能从历史的理论和实践中汲取精神财富。中德两国政治体制、意识形态、历史文化背景的差异决定了我国不能照搬德国理论体系和实践经验。社会国原则的种种智识资源未必适合中国国情。但两国对社会正义和社会衡平价值的追求仍有相通之处。德国运用社会国原则克服资本主义发展到高级阶段所产生的弊病，平衡自由与公平两种价值的张力。这一经验对当前进入高质量发展阶段的我国来说颇有裨益。学者必须认真思考，应当以一种什么样的立场和态度去理解、解释中国社会转型期重要的民生话题。

6.1.1 中国古代民本思想

中国有着源远流长的民生主义传统，积累了丰厚的民生思想资源。在两千多年的封建皇权统治时期，统治者多从有利于稳定统治秩序的角度强调民生问题的重要性。民生问题关乎政权的合法性，"有恒产者有恒心"说明民生对稳定民心的作用，人民能享有丰衣足食的生活更是成为后世评价统治者勤政爱民的重要标准。

中国古代政治强调天人合一，统治者遵循天命，敬天保民，承担照顾人民的责任。儒家从这一基础来思考民生问题，儒家提倡"仁"，要求统治者"仁者爱人"，统治者作为上天代表肩负扶助子民的义务，帮助弱者是体现仁爱之心的道德义务。道家则主张"无为而治"，要求统治者尽量不干预人民的生产生活，保持"无所作为"的状态。这些内容是民本思想的具体体现。

古代中国思想家的民生主义话语浸润于民本思想中。古代思想家还将民众视为安邦治国之根本，重视、承认民众在经济、政治、道德生活中的重要地位和作用。西魏名臣苏绰认为，"人生天地之间，以衣食为命"，颜之推说，"夫食为民天，民非食不生矣"。这都充分表明了基本生存问题是人民关心的重大问题。管子言，"仓廪实而知礼节，衣食足而知荣辱"，强调民生问题对个人物质和精神生活的重大意义。《尚书·五子之歌》中的"民惟邦本，本固邦宁"强调统治者的民本思想对统治秩序的重要作用。[1] 孟子强调"民为贵，社稷次之，君为轻"，"水可载舟亦可覆舟"等都表达关注民生疾苦，统治者才能获得统治的合法性。

基于对民本价值的追求，儒家、道家和法家对如何解决民生问题提出了不同的方案。儒家学说设计了"大同"和"小康"两个层次的社会构想。[2] 大同社会"老有所终，壮有所用，幼有所长，鳏寡孤独废疾者皆有所养"，而小康社会则通过"以设制度，设立田里"来解决民生问题。儒家基于民本观点，要求统治者思考如何养民安民，而不敢虐民苦民，否则会天禄不保。道家秉承小国寡民的理想，希望人民在无知无欲的状态下"甘其食，美其服，安其居，乐其俗"，过上自由幸福的生活。道家要求统治者无为而治，

---

[1] 贾谊：《贾谊集》，上海人民出版社 1976 年版，第 100 页。
[2] 任俊华：《儒家大同、小康社会与周易的关系》，载《岭南学刊》2001 年第 2 期。

采取休养生息的政策。法家坚持现实主义的态度,认为民生问题必须服从政治国家的需要。法家则重视人情民心的作用,主张爱民、利民、富民[1]。墨家强调天为民而立君,将"爱利万民""为民父母"作为王者领受天命成圣的条件。统治者也需要处理好取予间的关系,取之于民必先予之于民、让利于民,只有这样才能赢得民心,保持稳定的社会秩序。

古代民生思想是中华民族的传统智慧,对当下民生保障建设有着思想启迪作用。在不同的历史发展时期,民生问题针对的具体内容不一样,但是人民最基本生存保障始终是统治者关心的话题,民本思想一直是中国封建统治者施行民生措施的思想来源。

6.1.2 孙中山民生主义思想

民本思想和民生主义传统被封建统治者所继承和沿袭。自近代以来,中国传统社会经历巨大历史变革,社会制度发生变化,民生问题在现代政治语境中由另外的话语体系所展现。伟大的民主革命先行者孙中山先生就对这一问题进行了深入思考。孙中山提出"民权、民本、民生"的号召,并将其中的"民生"理解为着力解决好人民的日常生计。他认为政府的主要任务是解决人民的生存问题,只有这样才能保证国家的延续。对民生问题最朴素的理解就是衣、食、住、行。孙中山先生的民生理论受到了儒家民本思想和近代自由平等思想的影响。他认为人类的生存倚赖"保"和"养"两个重要方面。"保"就是捍卫民族和国家的主权,抵御外敌。"养"就是指人民有所养,能满足日常的基本生活。民生主义是在孙中山"养"的概念上展开,要求满足人民衣、食、住、行等方面的要求以保障人民的存续和发展[2]。现代国家的任务之一就是满足人民的基本民生需求,担负起民众生存的照顾义务与责任。

孙中山认为全国人民都有追求幸福的权利,人民普遍过上幸福生活的前提是满足其基本的生活需求。首要的现实追求是实现社会公平,只有均贫富才能实现社会公平。他说:"所谓要实行民生主义,缘因于贫富不均","民生主义的事实,最要紧的是均贫富"[3]。为了实现贫富均等的理想,避免社会出现两极分化的现象,孙中山提出了"平均地权"与"节制资本"的主张。孙中山认为土地是自然赋予人类的公共资源而不是后天劳动的产物,因

---

[1] 张分田:《民本思想与中国古代统治思想》(上),南开大学出版社2009年版,第120页。
[2] 《孙中山全集》第3卷,中华书局2006年版,第322页。
[3] 《孙中山全集》第9卷,中华书局2006年版,第572页。

此土地不能由私人占为己有,应该将土地收归国有。随着经济的发展,公民对土地的需求量必然会增加,这必然导致土地价格持续上涨。在这种情形下,孙中山希望能平均地权,测算土地价格,新增土地溢价归国家,但国家仍然可以按原价收买土地,这样可以实现其心目中的土地归国家所有。"耕者有其田"的主张也建立在"平均地权"基础上。为促进社会团结,提高社会凝聚力,防止社会贫富差距过大,孙中山力主约束个人资本,限制企业家的经营范围,私人资本不能进入和操纵国家关键性的行业。除此以外,国家还保留征收私人企业财产的权力,可以向企业家征收高额重税来防止资本做大做强。虽然这些观点有其时代局限性,但是孙中山通过种种努力关注下层民众的尝试不能被忽视。他认为只有通过"平均地权"与"节制资本",才能使社会避免贫富差距过大的弊病,最终实现社会团结和公平正义。

孙中山对民生主义的定义十分朴素,他对理想社会秩序、政治经济改革方案的认知都是从民生角度切入。这充分体现了早期革命党人心忧天下的胸怀,重视个人价值,关注人的生存价值。孙中山的人本理念一方面继承了中国传统的民生精神,另一方面也为革命政党治国理政提供了思路。在领导中国革命、建设、改革的过程中,作为中华人民共和国的创立者和执政党的中国共产党始终将民生问题作为长期关注的大事,推动国家建立健全完善的社会保障制度,将民生问题纳入法治化的轨道。这种努力与孙中山的民生理想可以说是一脉相承。

6.1.3 执政党对民生话语的继承和发展

当前全球国家致力于本国福利国家建设,社会保障已上升为一种普遍性话语和意识形态。在一国社会政治经济发展到较高水平,公民的权利诉求高涨的情况下,政治国家必须重视这一议题。在国家和社会发展的不同阶段,中国共产党始终将民生问题放在治国理政的重要位置。新中国成立以来,中国共产党制定了民生建设的蓝图,经过长期的摸索和实践,我国的民生建设取得了重大成就,改变了新中国成立初期人民积贫积弱的状况。

党的十一届三中全会后,中国社会主义现代化建设揭开了新篇章,执政党决心将经济建设放在核心位置,强调发展生产对于改善人民生活的基础性作用,努力发展经济。党的第三代领导集体提出了经济发展的总体布局,希望通过"三步走"战略逐步实现共同富裕的目标。第一步是解决人民最基本的温饱问题。第二步就是努力使人民生活达到小康水平。第三步是人民生活普遍比较富裕,能享受到较好的物质生活和精神生活。这三步是民生目标的总体步骤。[1]

伴随改革开放的进一步深入和社会主义市场经济的迅速发展，我国社会总体结构发生了剧烈而深刻的变化，形成了不同的利益主体，带来了利益关系复杂化和矛盾多样化。在社会分配格局需更加公平，复杂社会关系尚未理顺的情况下，中国共产党远见卓识地提出了"全面建设惠及十几亿人口的更高水平的小康社会"的目标。[2] 中共十七大顺应人民对美好生活的期盼，更加重视民生难题的解决，要求"在经济发展的基础上，更加注重社会建设，着力保障和改善民生"。[3] 理念先行，制度也随之跟上。党和政府加快基本公共服务体系的制度建设，加大对民生领域的财政投资，加强基本公共服务对改善民生的功效。党的十七大以来，人民生活水平显著提高。改善民生力度不断加大，大部分人民生活水平达到了小康标准。

自党的第十八次全国代表大会以来，习近平总书记提出"关注民生、重视民生、保障民生、改善民生"等一系列措施，把进一步改善民生问题作为重中之重。十八届五中全会的大会公报中，习近平总书记提出全面建设小康社会新的目标要求："坚持共享发展，必须坚持发展为了人民、发展依靠人民、发展成果由人民共享，作出更有效的制度安排，使全体人民在共建共享发展中有更多获得感。"[4] 经济结构性改革要守住民生底线，着力解决住房、就业、扶贫等问题。"加快推进民生领域体制机制创新，促进公共资源向基层延伸、向农村覆盖、向弱势群体倾斜。"国家坚持民生改革必须以促进社会公平正义、增进人民福祉为出发点和落脚点。如果不能切实解决公民的各种民生难题，那么再多的改革举措也是没有意义的。全面建成小康社会，一个也不能少。党的十八大以来，以习近平同志为核心的党中央围绕脱贫攻坚作出一系列重大部署和安排，全面打响脱贫攻坚战，为世界减贫事业作出中国独特的贡献。党和国家投入巨大人力财力物力，我国脱贫攻坚取得决定性进展，贫困人口由2012年的9899万人减少到2017年的3046万人，贫困发生率从10.2%降至3.1%。党的十九届四中全会提出，坚持和完善统筹城乡的民生保障制度，使"幼有所育、学有所教、劳有所得、病有所医、

---

[1] 1987年10月党的十三大提出的中国经济建设的总体战略部署，邓小平设想了著名的现代化发展"三步走"战略。

[2] 《江泽民文选》第3卷，人民出版社2006年版，第294页。

[3] 《中国共产党第十七次全国代表大会文件汇编》，人民出版社2007年版，第36页。

[4] 《中共十八届五中全会公报》全文，载新华网，http://www.news.cn/，最后访问日期：2015年12月28日。

老有所养、住有所居、弱有所扶"，健全国家基本公共服务制度体系。

从党的民生政策可以看出，执政党在民生事业中始终坚持自己的价值取向。公平正义是中国社会主义制度的基本价值导向，公正是民生政策应有的基本内涵。抽象的民生政策转化为具体的法律规范更要注重价值内核，在实践过程中努力建设公平的社会秩序。赋予公民基本的生存权利是民生政策的政治基础。实现共同富裕是社会主义优越性的重要表现，国民收入分配要使所有的人都得益，共同富裕而不是一部分人的富裕才是社会主义建设的最终目标。

在经济转型期，中国共产党更加注重经济、政治、社会协调发展。针对经济高速发展和各种社会矛盾并存的局面，党和国家深刻认识到社会分配制度和良好社会保障制度的重要性。国家希望能实行社会统筹和个人账户相结合的养老、医疗保险制度，完善失业保险和社会救济制度，为每一个公民提供最基本的社会保险。在复杂的利益格局和日益撕裂的社会共识面前，民生问题的政治属性日益凸显。在不断调整社会政策的过程中，执政者将自己的意志反馈到法律制度中去。执政者正视民生难题并以巨大的改革勇气推进保障事业，昭示着公平正义的价值追求。

6.2　完善我国社会保障制度的紧迫性

在西方语境中，民生问题表现为公民的社会基本权利，是政治国家必须面对的问题。"二战"后的英国通过贝弗里奇计划建立起英国式福利国家，不少西方国家紧随英国步伐，建立起本国的社会保障网络。德国在19世纪就开始建立社会国家。大批福利国家或社会国家的出现增加了新的国家维度，更让其成为全球意识形态。在部分国家，对公民的给付已经成为公民的一项政治权利。[1]

民生话题是执政党长期关注的问题，但关于民生的讨论则经历了话语转换的过程。在现代政治法律体系中，民生问题开始具有民权属性。学者借助权利概念完成民生话语在法治化治理下的正当化证明。[2] 进入转型期的中国已经在民生建设上取得了一定成就，但是距离建立完善的社会保障制度仍有距离。

---

[1] 林万亿：《福利国家——历史比较的分析》，台湾巨流图书公司1995年版。
[2] 夏勇：《民本与民权——中国权利话语的历史基础》，载《中国社会科学》2004年第5期。

当下中国面对全球化和信息化洗礼，国内经济以前所未有的广度和深度参与到世界中，这也导致经济的增长受到国际形势的影响。在应对国际纷繁复杂的风险和挑战时，健全的民生工程能保障国内局势稳定，集中精力应对外部挑战。健全完善中国社会保障制度是由当下中国政治经济形势所决定的。我国已经进入新时代，社会主要矛盾发生变化，人民对公平正义提出了更高要求，社会保障制度变革具有紧迫性和必然性。

6.2.1　中国经济新常态下的内在刺激

21世纪以来，人类进入分工高度专业化的现代社会，公民更需要依靠国家的社会政策和社会保障系统来抵抗各种社会风险。更具普适性的社会保障制度将全面替代民生话语。[1] 当下我国的经济发展成就举世瞩目，已成为世界第二大经济体，建立起完整的工业门类，在享受改革开放红利的同时，总体经济水平快速提升，在当前世界经济增速放缓的情况下仍保持较高速增长。经济发展为我国综合国力打下了坚实基础，财政自主能力快速增强。发展给国家和社会带来了巨大活力，但我国经济增长模式有着内在隐患。四十年发展过程中产业结构不合理、过度追求GDP而忽略环境保护、劳动密集型和出口导向型经济模式都使得高速增长模式不可持续。[2] 随着我国经济深度融合到全球贸易的激烈竞争中，在逆全球化和单边主义趋势抬头的情况下，外部不确定性更加剧了经济和社会的风险。

党的十九大报告作出"我国特色社会主义进入新时代"的重要论断。当前我国社会主要矛盾已经转化为"人民日益增长的美好生活需要和不平衡不充分的发展之间的矛盾"。人民不仅对物质文化生活提出了更高要求，而且在民主、法治、公平、正义、安全、环境等方面的要求日益增长。新时代我国经济将从高速增长向高质量增长转变。国家的经济结构进一步优化，高污染落后的产能将逐步淘汰，服务业快速发展。国家推进乡村振兴战略，致力于缩小城乡差距、区域差距，使改革发展的成果为更广大民众所分享。这决定了我国经济要从充满风险的外向依赖型经济向稳定的以居民消费为主、内需驱动型经济转变。经济新常态的出现是经济层面的挑战，更是社会变革的机遇，中国的社会政策也要作出相应的调整。中国经济变革与内驱型经济增长模式对社会保障改革提出了迫切需求。执政党针对中国经济的现状提出了

---

[1] 陈国钧：《社会政策与社会立法》，三民书局1984年版，第154页。
[2] 李建民：《中国人口新常态和经济新常态》，载《人口研究》2015年第1期。

供给侧经济改革的应对方案。在供给侧改革的具体措施中重要的是促进国内经济消费，改变内需不足，减少对外向型经济模式的依赖。我国面临去产能、产业升级的内在要求，居民对中高端产品的消费能力强劲，居民储蓄率高居世界前列，完全具有挖掘国内市场的消费的潜力。在充满更多不确定性的风险社会，人民面对高房价、高教育成本和医疗支出，很难产生消费预期，高储蓄率很难转化为消费能力。如果最终的消费端无法激活，国内市场将很难以拓展，巨大的消费市场无力完成供给侧改革的重担，我国的经济安全还会遭受外部因素的威胁。

面对当下的经济现状，执政党和国家将目标由单纯追求经济增长转向经济增长与社会民生建设同步发展。只有健全的社会保障体系才能给公民带来稳定的安全预期，社会保障制度健全与否已客观上成为我国持续发展的制约因素。

6.2.2 建立更加公平正义社会秩序的必然要求

经过四十年快速发展，当下我国步入社会转型期和改革的深水区，社会深层次矛盾频发，社会不稳定和不安全的因素增加。对于转型期中国政治、经济和社会秩序中出现的问题，学者提出不同的解释框架。有人认为，我国有可能步入"中等收入陷阱"。中等收入陷阱是指一国国民人均GDP在3000美元附近时，快速发展中积聚的矛盾将集中爆发，国家经济长期停滞不前，社会贫富分化严重，腐败多发，陷入所谓的"中等收入陷阱"。[1] 也有人提出转型陷阱，是指改革或转型过程中形成的既得利益集团阻碍改革进程，并试图将过渡时期状态定型化，由此带来经济和社会畸形发展。[2] 实际上，无论是哪种解释框架都暴露了经济社会秩序的缺陷。在这些解释框架中，建立符合公平正义价值的社会秩序是改革的诉求，也是解决问题的良方。不公正的社会秩序会极大程度损害国家的正当性基础，合理的社会利益分配机制才能纠正已经失衡的利益格局，使人民重新获得社会公平正义感。

中国共产党推动国家全面深化改革，要将促进公平正义作为改革的出发点和落脚点。建立健全社会保障制度是提升民众公平正义感的重要维度。公平正义已经成为当下社会的重要价值诉求，缺乏公平正义的社会不符合社会主义国家的价值目标。民生逐渐成为衡量社会公平正义的标尺，更加公平的

---

[1] 樊纲：《中等收入陷阱迷思》，载《中国流通经济》2014年第5期。
[2] 孙立平：《中等收入陷阱还是转型陷阱》，载《开放时代》2012年第3期。

社会分配制度才能促进社会团结和社会向心力。

建立健全的社会保障体系已成为重要国家目标。当前我国人民的物质生活水平与改革开放前相比有了巨大提升，但这一过程中社会却在加速分化。改革中存在的利益分配不公、贫富差距扩大极易引发社会不稳定因素。阶层间可能的撕裂、劳资矛盾、城乡二元格局以及地区间发展的不平衡等一系列复杂问题会加剧社会风险。政府仍需投入巨大人力、财力、物力来维持稳定的社会秩序。这都需要社会保障制度来缓解矛盾。[1]

社会保障制度是社会风险的缓解器，既筑牢一国的安全底线，也是调节社会矛盾的有效工具。一国社会保障制度彰显政治秩序中的公平正义属性。实行义务教育、完善就业培训机制、建设新型农村合作医疗制度等将保障公民的根本利益同化解矛盾结合起来，实现国家利益和个人利益的有机统一。目前我国的社会保障制度已覆盖较大范围公民，只有不断缩小地区间、行业间甚至阶层间的差距才能最大限度激发社会活力。

社会保障制度建设与国家竞争力密切相关。德国正是将公平作为本国社会政策变迁的核心价值，不断调整社会保障制度，才能在欧洲经济和政治变革中维持不坠的竞争力。而许多新兴国家和发展中国家也将公平正义社会政策作为国家竞争力的重要指标，努力探索社会保障发展之路。总之，中国建立健全的社会保障制度既是当下社会经济持续稳定发展的需要，又是建立公平正义社会秩序的必然要求，也是中国共产党实现自身政治承诺的体现。

6.2.3 现有社会保障制度中的问题

20世纪50年代初期，我国开始建立社会保障制度。至改革开放前，社会保障制度是国家主导下的单位保障制，与计划经济体制相一致。社会保障制度的安排具有国家主导、全方位保障、城乡二元分割等特征，政府分配全部资源。改革开放后，我国社会保障的改革仍然由政府主导，但国家全面保障的局面被打破，充满改革活力的企业、社团与个人都参与到社会保障制度中。这些实体共同分担责任，在国家主导的企事业单位之外夯实社会保障系统。[2] 政治体制和经济体制的改革推动社会保障制度的发展，国家保障制发展为国家和社会双重保障制。革新的社会保障制度为原先僵化的体制注入了活力，公民的社会保障观念迅速变化，逐步迈向现代社会保障制度。四十年

---

[1] 郑功成：《科学发展与共享和谐》，人民出版社2006年版，第103页。
[2] 郑功成：《中国社会保障制度变革挑战》，载《决策观察》2014年第1期。

来，中国基本社会保障制度为公民养老、医疗等提供了定心丸，为稳定的社会秩序作出了贡献。

虽然我国的社会保障建设已经取得了很多成绩，但是当下仍然存在诸多问题。最明显的问题就是财政投入不足。世界不少国家的社会保障支出占GDP的比重在10%以上，欧盟国家在2003年、2004年、2005年用于社会保障的支出占GDP的比重分别为27.4%、27.3%和27.2%。而我国社会保障支出在2006年约为1.1万亿元，占GDP的比重为5.2%。与发达国家相比，我国投入较低。[1] 2014年社会保障支出占国内生产总值的比例仍然较低。

社会保障制度呈现出给付阶层化、身份化、地域化、二元分割的特征。这些特征是我国特定历史时期形成的。干部、单位与户籍制度是分析社会保障制度问题的基础。这三种制度造成了国家的社会给付阶层化，这是先行社会给付制度设计的根源以及社会保障制度改革的障碍基本成为我国社会保障改革的最大障碍，其也制约着公平正义社会秩序的形成，影响了人民的获得感。我国社会保障制度体现出严重的阶层化特征，城乡二元体制造成截然不同的保障体系，公民因不同身份享受较大差异的社会给付，城市居民享受到相对优厚的社会保险给付和福利津贴。随着改革开放的推进，城乡间在经济层面的差距进一步拉大，农村土地的生存照顾和保障功能日益弱化，农民社会保障的问题更为突出。未能在全国范围统筹社会给付损害了社会保障制度的一体性。

以养老保险制度为例，城镇居民与农村居民养老保险分别由不同的法律规范调整，职工基本养老保险处于地区分割统筹状态，流动农民工较难从中获益。我国整体的医疗保险制度划分为三个层次：城镇职工基本医疗保险、城镇居民基本医疗保险和新型农村合作医疗。三者针对的对象不一样，统筹的层次不同，社会支付水平间也存在较大差距。这种城乡分割与地区分割的推进方式，损害了社会保障制度的统一性，使社会保障的正向效应打了折扣。

当下我国社会主义市场经济体制的建立也是"从身份到契约"的变革，法律上已经确认了公民平等享有政治权利和社会权利，公民对公平正义的渴求更加强烈。我国社会保障制度中的问题都需要得到妥善解决。

---

[1] 郑功成：《中国社会保障改革与未来发展》，载《中国人民大学学报》2010年第5期。

6.3 完善社会主义制度下的社会立法

社会国原则是德国重要的国家目标和宪法原则，它为构建德国公平的社会秩序、促进社会平衡发挥了重要作用。德国法中的社会国原则是当下中国社会法治建设可资借鉴的方向。我国与德国的社会制度、意识形态、历史传统等各方面皆不一样，照搬照抄德国的理论和实践不现实，也不符合我国实际。建设中国特色社会主义国家需要正视我国国情和现状，要平衡好法治话语和政治话语。我国当下需要完善社会主义制度下的社会立法，守住社会的可诉权底线。

6.3.1 社会立法应平衡法治话语和政治话语

在全面推进依法治国的大背景下，作为治国理政的基本方略，法治必须对于保障和改善民生给予现实的制度回应。

民生问题折射当下我国公民的现实社会和政治需求。党的十八届五中全会提出让全民共享改革开放的成果，民生工程的建设就是其中重要部分。从具体的规制政策来看，教育、就业、分配、社会保障是民生问题的基础领域。民生问题本质上是权利问题，凸显的是权利配置、权利实现机制、权利保障机制等方面的不足，实质上涵盖了公民基本的生存权、工作权、获得就业培训的权利、在年老疾病时获得国家救助的权利等。实践权利需要国家建立起一整套的社会保障体系来支撑。法治的实践性品格要求其回应转型期的民生难题，其在解决民生问题时能展现自身独特的优势。

在借鉴域外法治经验时，我们应该持有客观理性的态度。在民生政治话语转化为法治话语的过程中，我国必须把握和平衡好两者的关系，在谋求公民权利的同时也要考虑到我国实际和权利实现的成本问题。

我国现阶段面临人口老龄化加剧的现实。我国已经进入老龄化和老年人口快速增长时期，2018 年我国人口从年龄构成来看，16 周岁至 59 周岁的劳动年龄人口为 89729 万人，占总人口的比重为 64.3%；60 周岁及以上人口为 24949 万人，占总人口的比重为 17.9%，其中 65 周岁及以上人口为 16658 万人，占总人口的比重为 11.9%。[1] 根据学者的预测，我国老龄化水平在 21

---

[1] 国家统计局官网，http://www.stats.gov.cn/tjsj/pcsj/，最后访问日期：2019 年 1 月 2 日。

世纪中叶就会达到其至超过发达国家的水平。[1] 随着中国人口老龄化加剧,老龄人口的基数将越来越大,而国家投入养老保险中的财政支出必将不断攀升。与西方发达国家不同的是,中国人均经济水平远远达不到应付老龄化水平。西方国家进入老龄化社会时的人均国内生产总值在 5000 美元至 10000 美元。我国现阶段人均 GDP 接近 10000 美元,但面临严重的地区发展不平衡问题。在人均生产总值指标无法达到养老保障水平时,我国财政将面临严重的压力。与德国相比,我国现阶段的老龄化人口总数已经远超德国总人口数。近几年中国财政支出规模的涨幅远远高于 GDP 的增长速度,而这其中医疗保险和养老保险的支出也在不断增加。[2]

针对具体情况,中国在立法层面上可以借鉴德国社会国原则下的制度实践,保障公民最低生存水平。在司法层面上,我国应在现有社会经济发展水平下守住社会权司法化的底线。

6.3.2 完善中国社会立法制度

德国社会国原则指引下的制度实践对我国有着重大的借鉴意义。我国《宪法》明文规定了我国是社会主义国家,"社会主义"是我国重大国家目标。社会主义原则的要旨是建立更加公正平等的社会秩序,实现社会阶层的平衡。从法治角度看,社会国原则形塑了德国法治国样态,而我国要推进社会主义法治国家建设。在这个层面上,我们可以大胆吸收和借鉴社会国理论的精华,更好地完善我国法律体系。我国已经宣布建成社会主义法律体系,社会法占据了法律部门的重要一席。广义上看,社会保障法、劳动法等都属于社会法的范畴,对照德国社会法制的经验,我们更要健全和完善社会立法。社会主义原则是我国社会保障制度的宪法基础,《宪法》中公民的基本权利章节规定的社会权是公民社会保险权的来源。只有进一步完善立法者宪法委托下制定的法律,公民才能在实体权利上得到更好的救济和保障。

我国现有社会保障体系由五大部分组成:社会救助制度、社会保险制度、社会福利制度、军人保障和补充保障。[3] 这五块内容共同构成我国的社会安全制度,而《社会保险法》已经明确规定了其中最为重要的社会保险制度。2010 年通过的《社会保险法》规定了基本养老、基本医疗、工伤、失业、生育五大类社会保险,是我国社会保险制度总括性法律。

---

[1] 李建民:《中国人口新常态和经济新常态》,载《人口研究》2015 年第 1 期。
[2] 刘穷志、何奇:《人口老龄化、经济增长与经济新常态》,载《经济学》2012 年第 1 期。
[3] 郑功成:《中国社会保障改革与未来发展》,载《中国人民大学》2010 年第 5 期。

《社会保险法》落实《宪法》规定的公民的社会保障权。《社会保险法》属于七大法律部门中的社会法,这也符合大多数国家立法实践。《社会保险法》将所有保险项目纳入其中,这种全景式立法使其具备了社会立法基本法的地位。我国现阶段的社会政策正处在不断调整中,社会保险制度处于快速发展变化阶段,难以通过法律固定下来。这部法律多是原则性和框架性规定,不像单行法规定得那么细致。在《社会保险法》基本框架下,地方进行前期法律实施试点,各个地方社会保险标准不一,这也为制定清晰统一的法典增加了难度。我国的《社会保险法》法制化水平与德国完整齐备的社会法典相比还存在着较大差距。

我国《宪法》第四十五条规定:"中华人民共和国公民在年老、疾病或者丧失劳动能力的情况下,有从国家和社会获得物质帮助的权利。"2004年《宪法修正案》明确规定:"国家尊重和保障人权",公民获得国家的社会救助,保障公民的生存权是人权的基本内涵。现代国家消解了传统承担救助功能的机构,因而成为社会救助的主体,也是社会救助制度的生产者和提供者。社会救助法制建设是中国社会法的重要任务之一。通过法律解决社会救助中存在的一般性问题,以法律形式明确公民享有的最低生活保障的权利,这是社会救助法核心的价值追求。社会救助是社会安全的"兜底性制度"。现行社会救助体系以最低生活保障、农村五保供养、自然灾害救助为基础,囊括医疗、教育和住房等专项救助,此外还通过临时救助、社会帮扶来补充。我国并没有制定国家层面的社会救助法律,通过立法明确国家义务。当前社会保障事业主要通过《社会救助暂行办法》《城市居民最低生活保障条例》《农村五保供养工作条例》等行政法规和规章来规范。我国尚未形成统一的救助体系,各项职能划归不同行政部门管理,各部门致力于将专属救助纳入社会救助的框架中,但教育、住房等救助制度无法与已经运作较为成熟的最低生活保障制度相衔接,不同部门的利益考量导致统一立法尚未出台。《社会救助暂行办法》首次将疾病应急救助、临时救助等纳入制度安排,为社会救助法打下基础。但《社会救助暂行办法》是行政法规,我国应尽早修改完善,制定国家层面的《社会救助法》,在法律上明确公民获得社会救助的权利,并获得法律的承认和保障。优先建立农村社会救助制度,统筹城乡社会救助标准,制定社会救助的统一标准,是《社会救助法》需要解决的问题。

社会救助法需要明确社会救助的对象。当前我国社会救助的对象局限于最低生活保障人员和特殊供养人员,范围较为狭窄,覆盖面有限。我国对最低生活保障人员的认定基于居民收入标准，这就将因病致贫、教育和其他突发事件造成的"支出贫困"的情形排除在外。实践中仅将收入作为衡量标准会导致"钻空子"的道德风险，具体工作中也确实存在骗保的情形。当前相当比例的贫困人口是因为庞大的"支出"导致贫困。未来的社会救助立法中有必要扩宽救助对象的范围，在法律上准确定义"低收入家庭"，将因疾病、住房和教育等支出致贫的人口纳入救助范围，保障这一群体的社会权利，守住社会底线公正。同时，还应借鉴德国社会救助法中的救助类型，设定货币、实物和服务给付，涵盖不同类型。

如何防止贫困人口返贫？除了基本保障外，更需要让贫困人口提高自身参与社会竞争的水平，通过个人努力摆脱贫困。当前世界不少国家专门制定《社会促进法》，旨在增强和夯实公民在社会竞争中的能力，降低再度回落到贫困的可能。如德国社会促进法中规定了职业促进（Arbeitsfoerderung）、家庭给付（Familienleistungen）、残疾人的社会参与（Teilhabebehinderter Menschen）以及住房津贴（Wohngeld）等。这一法律鼓励和扶助公民提升自己的能力，促进人才的流动，增进社会活力，包含两个具体目标："增加社会整体福利和提高人民社会福利的分享水平。"一般来说，社会保障制度包括社会保险、社会救助和社会促进制度，而其中的社会促进制度主要指就业促进，通过劳动法来规范。《社会促进法》面向全体成员，但其落实程度需要依据国家财政能力调整。我国没有明文的社会促进法，但《就业促进法》《教育法》等社会权益类法律也发挥了类似功能。但这些法律原则性规定较多，可操作性不足，各部法律间调整的法益存在重合，十分有必要按照特定的法律关系或受益人进行整合，保证公民权利的落实，提高个人发展能力。劳动法和社会保障法也是社会法的重要内容，但德国社会法并没有将劳动法列入其中。我国通过《劳动法》和《劳动合同法》的条文保护劳动者的利益，一定程度上能提高劳动者的就业质量。

我国《宪法》规定公民平等地享有各种社会权利，这充分体现了社会主义制度的本质特征。社会保险制度调节社会财富，国家在第二次分配上应当坚持公平的原则。《社会保险法》首次提出基本养老保险基金逐步实行全国统筹的目标，但是在具体规定上应对已存的城乡差异、身份差异、地区差异等问题作出回应。《社会保险法》第 10 条将参加养老保险的人群分为三类。一类是职工，参加社会保险的费用由两部分组成，一部分来自个人，一部分来自用人单位。二是非职工就业人员，这部分群体有选择参加社会保险的权利。三是公务员，公务员的养老保险待遇由国务院规定。该规定实际上以立法的形式肯定了我国目前存在的社保双轨制。社会保险制度是化解社会风险的重要载体，其保障的是公民最低限度的生存和安全。这部事关最低限度生存权的法律理应坚持平等原则，使每个公民都能从这部法律中获益。追求公正，使每个社会成员都能享受到社会经济发展给我们带来的益处，这是法治政府的必然职责，是我国回应社会主要矛盾的客观要求。

我国《宪法》明确规定尊重和保障人权。社会救助制度主要目的就是保障人权，而生存权是最基本的人权。生存权的实现直接关系到人性尊严与人民最基本的生存，人民的基本生存若得不到保障，也将失去其他基本人权。现代国家消解了传统承担救助功能的机构，其理应既是社会救助的主体，也是社会救助制度的生产者和提供者。社会救助制度须通过法律明确国家承担的给付责任。

建立完善的社会保障制度还需要整合社会促进法。我国目前没有专门的社会促进法，但是纷繁的社会性法律法规都凸显了社会促进功能。社会促进法包含两个具体目标："社会整体福利增加和人民对福利的分享水平提高"。[1] 增进社会整体福利归根结底要增加每个人的社会福利，切实提高人民的获得感。社会促进的目标在于促进人的发展，也是面向全体成员的发展，但社会促进制度含有更多理想化成分，需要依据国家财政状况量力而为。社会促进法主要包括就业促进制度、教育促进制度和青少年促进制度等。这些法律法规大致可以分为劳动就业方面的法律、社会组织法律和公民的社会权益类法律。我国现有的社会促进法种类繁多，其各自调整的法益存在重合。按照一定的法律关系或受益人对其整合才能更好地发挥社会促进法的作用。

6.3.3 守住社会权"可诉化"的底线

社会权的实现关乎财政负担，是经济问题，但其更与资源分配密切相关，更是一个政治问题、法律问题。对于社会权是否具有可诉性历来有两种观点。一种观点从国家权力的运行以及公民权利的保障和实现方式来看，无救济就无权利，社会权必然能够进入诉讼活动。另外一种观点认为，世界不少国家都承认了社会权利，但更多是价值宣誓。政治国家根据本国综合国力、经济发展水平以及重要国家任务分配整体财政收入。社会保障以增加财政预算为基础，是具有高度政治性的公共事务，一般应该由最高权力机关决

---

[1] 陈慈阳：《宪法学》，元照出版有限公司2005年版，第256页。

定是否进行社保给付，以司法判决突破立法权限会失去合法性。另外，社会保障事务的专业化和政策性较强，司法权的介入会影响决策的科学性。这些是当前社保制度法制化与权利可诉化中较难逾越的障碍，各国在对待社会保障给付请求权时十分慎重。

学者认为社会权的效力有四种理论："方针条款""宪法委托""制度保障""公法权利"。"方针条款"是指宪法规定的社会权只是给予立法者一种日后行为的"方针指示"，不具法律约束力，这些方针指示的道德意义大过法律意义。"宪法委托"是指立法者由宪法获得一个立法的委托从而将社会权法律化、具体化，这种委托只对立法者产生法律约束力。"制度保障"是指宪法保障社会权，如同宪法所特别保障的政党、私有财产制度、宗教自由制度及公务员制度一样，当以后立法者的立法违背这些制度之基本内容及目的时，这些法律将构成违宪之效果。前三种方式都否定了社会权的直接司法效力，只有"公法权利"承认社会权受到侵害时公民可直接请求法院予以救济。

社会保障权作为一项宪法基本权利或具体的法律权利，一些国家在实践中对社会保障权给予了司法救济。对社会保障权的司法救济主要存在三种类型：(1) 视社会权为公法权利的直接司法救济。这类国家包括德国、法国等。(2) 通过适用正当程序和平等保护规范的间接司法救济。法院根据司法审查机制，通过适用正当程序条款和平等与非歧视条款对社会权进行间接司法救济。(3) 视社会权为国家政策指导原则的间接司法救济。一些国家宪法规定了社会权，但只是作为国家政策指导原则，作为国家政策指导原则的社会权虽然没有直接的司法强制力，但它施予国家政治和道德义务，成为宪法的灵魂。[1]

学者王建学考察各国的实践，各国国内法律制度对社会保障权进行司法救济主要存在五种情形：公民根据立法已经享受的社会保障，立法机关撤销该项立法的行为应受司法审查；立法在设立社会保障利益时所设定的该利益的授予或终止程序应受司法审查；当涉及公民作为人的最基本的生存与尊严时，社会保障权具有可诉性；社会保障权的实现是否遵循了平等原则，应受司法审查；行政机关在授予或终止公民的社会保障利益时是否遵从了立法所设定的程序应受司法审查。[2] 我国建立社会保障权司法救济制度，可以参照

---

[1] 龚向和：《通过司法实现宪法社会权——对各国宪法判例的透视》，载《法商研究》2005年第4期。
[2] 王建学：《论社会保障权的司法保护》，载《华侨大学学报》2006年第1期。

上述五种情形设计。一方面，应扩大《行政诉讼法》对社会保障权救济的受案范围；另一方面，必须建立我国合宪性审查制度。长期以来，我国宪法的作用仅停留在宣示、教育的层面上，推动宪法，加强宪法实施，树立宪法权威是理论界和实务界努力的目标。我国宪法本身直接包含着大量的社会权条款，宪法中"法律面前人人平等""依法治国，建设社会主义法治国家""国家尊重和保障人权"及保护公民的私有财产权利等条款都具有极为丰富的内涵。随着我国合宪性审查制度的逐步完善，完全可以阐释出丰富的公民社会保障权的内容。

我国已经设立了专门的合宪性审查机构，由全国人大常委会宪法和法律委员会承担这一职能，这也决定了我国不会走德国或美国式道路。全国人大作为立法机关将完成社会法立法的艰巨任务，努力通过制度安排保障最广大人民享有的社会权益。同时，人民代表大会制度是我国根本政治制度，全国人民代表大会是国家最高权力机关，由宪法和法律委员会担当宪法权利的社会权的守卫者。在这个层面上来说，我国现阶段应该守住社会权司法化的口子。

小　结

社会国原则顺应德国战后政治经济制度和社会的发展，成为法治国家不可或缺的维度。我国有着丰厚的民生主义的思想资源和智识基础。两千年的治理传统中闪耀着民本主义和民生主义的光辉，儒家、道家从封建统治者与百姓关系出发，论证了爱民、重视民众疾苦、施仁政对国家社稷的重要意义。及至近代，孙中山先生的三民主义思想明确提出民生主义的口号，中国共产党人继承了民生主义话语，将"中华人民共和国是工人阶级领导的、以工农联盟为基础的人民民主专政的社会主义国家，社会主义制度是中华人民共和国的根本制度"写入宪法。新中国成立以来，我国通过改革不断将以人民为中心的思想和社会主义的平等精神融入法律中。

建立完善的社会保障制度是新时代的要求，也回应了人民群众对公平正义的渴求。进入新时代，我国社会的主要矛盾已经转化为人民日益增长的美好生活需要和不平衡不充分的发展之间的矛盾。这种不平衡不充分的发展显然包括社会保障制度的发展。社会给付阶层化、地域化和城乡二元分割都是亟待解决的难题。社会保障制度是一国的安全网，是建立更加公平正义社会秩序的迫切要求，避免我国陷入"中等收入陷阱"。社会主义的本质也要求让人民共享改革成果,增加人民群众的获得感和幸福感。当下我国社会保障制度有不少"欠账"需要填补,与此相对应的社会立法急需完善。

与此同时,学者在强调对德国社会国原则的理念和实践的借鉴时,也应该结合我国的国情和发展现状。虽然我国当前经济总量高居世界前列,但我国人均生产总值与发达国家相比还较低,尚不足以承担德国式的高水平福利。随着人口老龄化加剧,老龄人口基数不断增加,我国政府未来的财政负担将会进一步加重。这一现实国情要求学者需在政治话语转化为法治话语过程中把握好平衡。具体说来,我国应当健全完善社会立法,但在司法层面应守住社会权的底线。

结　语

　　社会国原则是德国基本法上的重要国家目标，它植根于德意志民族的法律和历史之中。德国法中的社会国原则体现了欧洲的秩序自由主义价值，其在不同历史时期弥合了德国社会阶层对立，促进社会衡平和社会团结，保障公平正义社会秩序的建立。"二战"后，社会国原则在立法领域集中体现为基本法、社会法、劳动法和就业促进法等，社会国原则也展示了德国实质法治发展的水平。由社会国理念、原则和具体社会法制构建起来的保障网为德国"二战"后社会秩序的恢复和经济发展作出了重大贡献。在社会国理念指引下，德国不断调整社会政策和社会立法，使法律发展与时代变迁接轨。这缓解了法治的稳定性与变动的社会现实间的张力，也为形式法治注入实质价值，推动德国法治国家的发展。

　　目前，德国是西方主要国家中唯一平衡经济增长和社会福利水平的国家。德国人类发展指数高居世界前列，经济发展水平在欧盟范围内一枝独秀，同时，现有体制能完成制度再生产。德国经验对转型期中国解决社会矛盾，建设社会法制，实现更加公平正义社会秩序的目标有着重要的借鉴意义。

　　社会国原则起源于德国统一前的民族历史，工业革命前采矿、航海等行业中已孕育出通过组织分担风险的思想。通过结社形成的社会安全理念是社会国原则的雏形。这种前政治国家形成的经验并不具有可持续性。工业革命给传统秩序带来的冲击直接威胁到了刚完成统一任务的德意志帝国。工人运动中的理论家提出了政治纲领和诉求，并通过组建政党谋求在议会的发言权。宰相俾斯麦为了解决阶层间的冲突，避免帝国分裂，出台了欧洲第一部社会保障法律。这是传统安全保障经验首次转化为具体的法律制度，开欧陆国家立法之先河。俾斯麦治下的社会保障制度为社会国原则法制化作了早期立法准备。日耳曼法中留存德意志民族的法团主义精神，传统习惯法中包含着德国独有的集体主义基因。基尔克将法律中存在的团体因素提取出来，并在法律体系中予以展示。这种法团主义的精神与社会国原则一脉相承。德国国家主义传统坚持国家是政治有机体的观点，认为国家对臣民要承担起父亲般的照顾责任，这正是思想家所言的"父爱主义"。国家制定的法律中可以看到强制特性。在德国转向现代政治国家的过程中，知识分子阶层起到重要的催化剂作用。讲坛主义者提出国家的功能是维护秩序和保护公民基本权利，国家应该努力提高经济发展水平，通过福利措施缓解阶级矛盾。这一观点非常接近社会国原则的内涵。而思想家劳伦茨·施坦因的"社会君主国"思想希望中立超然的统治者来代表国家，彰显公共利益的纯粹，君主有义务保护臣民并给予臣民有保障的生活。施坦因的思想以19世纪的时空为背景，而魏玛学者黑勒从克服国家学实证主义危机的角度提出社会法治国的理想，希望能破解逻辑性与正当性难题。在社会法治国中，形式法治不能将道德、规范和权威融合起来，因此法律的实证性必须与伦理性原则结合在一起。黑勒的社会法治国理念在"二战"后又被国家法学者提起，预见性地为形式法治指明方向。实践和理论的相互促进使得社会国理念逐渐清晰，一种"社会国"的号召呼之欲出。《魏玛宪法》中首次规定了公民社会基本权，以法律形式明确规定具体权利，亦是对之前理论和实践的升华。

"二战"后，社会国原则被正式写入德国《宪法》，这一原则的入宪以形式法治国向社会法治国转变为时代背景。社会国原则整体镶嵌在联邦国、民主国和法治国等宪法价值中。联邦《宪法》和州《宪法》规定了社会国原则，并希望借助立法权分配和法律保留来弥合地区间的政治经济发展水平的差异。社会民主国不仅体现在议会政治上，更体现在德国社会市场经济制度中。社会市场经济模式强调秩序和公平价值在经济发展中的重要性，在法律制度安排上推进劳资共决和集体协商，经济民主也是社会民主国的重要内容。社会国原则亦不能突破法治国的边界。德国法上人性尊严条款是社会国原则的价值基石，也是社会国原则的最低要求。一切国家权力都必须服膺人性尊严。社会国原则促进社会平等，矫正资本主义发展过程中的不平等现实，将形式平等转化为事实平等。这一原则亦体现社会补偿价值，及时向处于弱势地位的群体倾斜，缩小阶级差距，使国家和社会成为有机团结的整体。社会国原则更致力于发展国家整体经济，在总体上增加社会财富，通过社会保障制度总体调节和分配财富，缩小贫富差距，提高全体公民的分享程度。

社会国原则的法律属性在20世纪50年代是国家法学者争论的重要议题。学者最终确认社会国原则的合宪性，并承认其法律内涵，社会国原则作为政治目标最终成功转化为法律话语。社会国原则呼应公民社会基本权，这项权利既具有主观公权利属性，也蕴含客观价值秩序。20世纪70年代，哈贝勒教授与马腾斯教授就社会国原则能否推导出社会权展开学术争论。两位学者最终认为社会国原则拓展基本权利功能。社会国原则具有宪法委托效力，其主要体现在立法制度上。《社会法典》《就业促进法》《社会行政法》等多部法律贯彻这一原则。在程序设置上，社会法院的建立和程序法的设计保障了社会国原则的落实。德国《共决权法》继承了法团主义传统，集体协商制体现了社会市场经济的民主特质，保护劳工权益。劳资合作是自由意志和自由选择的行为，旨在实现利益平衡，它也使德国能够逐渐进行经济和就业领域的结构转型并保持社会和谐。

事实上，德国司法实践中已经开始引用社会国原则论证社会权利。德国宪法法院对社会国原则与社会基本权之间的关系进行探索，认同社会基本权的合理性。法官无法从社会国原则中推出公民享有的主观请求权。但针对公民最低限度生存请求权是例外，法官通过一系列判决捍卫人性尊严。社会国原则作为司法判决论据的效力并不高，其必须与人性尊严条款和平等原则联系起来作为论证的依据。在公民财产权保障、最低税额以及最低医疗保障等方面，联邦法院都通过解释社会国原则来加强相关社会权的权利保障强度。在不突破法治框架的前提下，法院通过解释法律来适应社会现实和社会政策的变化。

中国社会法制建设中蕴含的价值与德国社会国原则有相通之处。中国和德国都珍视整体社会秩序价值，都有着强大的国家实力和治理能力。在坚持社会市场经济的前提下，德国通过社会制度设置消除市场经济的负面效果，德国公民通过社会保障制度与自己的国家建立了深刻的联系。公民不必指望国家的施舍，而是能够依据权利提出要求，其权利将得到保障。社会保障制度与政治秩序相结合，就会产生巨大的社会推动力。中国有着悠久的民生主义传统和政治基础，国家总体经济规模高居世界前列，建立完善的社会立法是时代趋势。进入新时代，中国社会主要矛盾已经发生变化，内部面临经济转型和"中等收入陷阱"的压力，建立更为公平正义的社会秩序是政治、经济的发展共同要求。完善社会保障制度正是良好社会秩序的重要内容。

政治话语在转换为法治话语的过程中需要掌握好平衡，学者在强调对学说的借鉴和移植时也不能忽视具体情况。中国现阶段虽然在经济总量上已经成为世界第二大国，但是人均富裕程度与德国还有相当大的距离。在人口老龄化趋势加剧、老龄人口基数庞大的现实下，中国更需要持审慎的态度。需要完善社会法制，建立起社会保险法、社会补偿法、社会救助法和社会促进法构成的多层法律体系，完善社会法治建设。与此同时，在现有社会经济发展水平下，中国仍需要守住诉权的底线。

参考文献

一、中文类

（一）著作：

1. 蔡宏昭著：《社会福利政策》，台北桂冠社会福利丛书1990年版。
2. 蔡维音著：《社会国之法理基础》，台南正典2001年版。
3. 陈乐民著：《"欧洲观念"的历史哲学》，东方出版社1988年版。
4. 陈新民著：《德国公法学基础理论》（下册），山东人民出版社2001年版。
5. 陈新民：《宪法基本权利之基本理论》，三民书局1999年版。
6. 陈新民：《"中华民国宪法"释论》，三民书局2002年版。
7. 陈新民：《公法学札记》，法律出版社2010年增订版。
8. 葛克昌：《国家学与国家法——社会国、租税国与法治国理念》，月旦出版社股份有限公司1996年版。
9. 葛克昌：《税法基本问题》，北京大学出版社2004年版。
10. 林万亿：《福利国家——历史比较的分析》，巨流图书有限公司2003年版。
11. 龚向和著：《作为人权的社会权》，人民出版社2007年版。
12. 韩大元主编：《比较宪法学》（第二版），高等教育出版社2008年版。
13. 韩大元主编：《外国宪法判例》，中国人民大学出版社2005年版。
14. 黄金荣著：《司法保障人权的限度——经济和社会权利可诉性问题研究》，社会科学文献出版社2009年版。
15. 李步云著：《宪法比较研究》，法律出版社1998年版。
16. 李晓兵著：《法国第五共和国与宪法委员会》，知识产权出版社2009年版。
17. 林来梵：《从宪法规范到规范宪法》，法律出版社2001年版。
18. 林万亿著：《福利国家——历史比较的分析》，巨流图书有限公司1995年版。
19. 刘海年主编：《〈经济、社会和文化权利国际公约〉研究》，中国法制出版社2000年版。
20. 刘玉安著：《北欧福利国家剖析》，山东大学出版社1995年版。
21. 刘兆兴著：《德国联邦宪法法院法总论》，法律出版社1998年版。
22. 马胜利、邝杨著：《欧洲认同研究》，社会科学出版社2008年版。
23. 谢荣堂：《社会法治国基础问题与权利救济》，元照出版有限公司2008年版。

24. 李震山：《人性尊严与人权保障》，元照出版有限公司 2000 年版。
25. 陈慈阳：《宪法学》，元照出版有限公司 2005 年第 2 版。
26. 孙洁著：《英国的政党政治与福利制度》，商务印书馆 2008 年版。
27. 王千华著：《论欧洲法院的司法能动性》，北京大学出版社 2005 年版。
28. 王亚平著：《西欧法律演变的社会根源》，人民出版社 2009 年版。
29. 武贻康、戴炳然著：《理想、现实和前景：欧洲共同体三十年》，复旦大学出版社 1988 年版。
30. 夏勇主编：《走向权利的时代》，中国政法大学出版社 2000 年版。
31. 夏勇著：《人权概念起源》，中国政法大学出版社 1992 年版。
32. 夏正林著：《社会权规范研究》，山东人民出版社 2007 年版。
33. 朱晓青著：《欧洲人权法律保护机制研究》，法律出版社 2003 年版。
34. 顾俊礼主编：《福利国家论析——以欧洲为背景的比较研究》，经济管理出版社 2002 年版。
35. 严双武著：《第二次世界大战和战后欧洲一体化起源研究》，武汉大学出版社 2004 年版。
36. 叶阳明：《德国宪政秩序》，五南图书出版公司 2005 年版。
37. 俞可平著：《社群主义》，中国社会科学文献出版社 1988 年版。
38. 张翔著：《基本权利的规范建构》，高等教育出版社 2008 年版。
39. 赵进中著：《"世界公民"之路——论德国公民权利发展的历史主线》，北京大学出版社 2008 年版。
40. 郑功成著：《社会保障学——理念、制度、实践与思辨》，商务印书馆 2000 年版。
41. 胡敏洁：《福利权研究》，法律出版社 2008 年版。
42. 龚向和：《社会权的可诉性及其程度研究》，法律出版社 2012 年版。
43. 郑贤君著：《基本权利研究》，中国民主法制出版社 2007 年版。
44. 周弘著：《福利的解析——来自欧美的启示》，远东出版社 1997 年版。
45. 周弘著：《福利国家向何处去》，社会科学文献出版社 2006 年版。
46. 周伟著：《宪法基本权利司法救济研究》，中国人民公安大学出版社 2003 年版。
47. 吴老德：《正义与福利国家概论》，五南图书出版有限公司 2001 年第 2 版。
48. 肖蔚云、王禹、张翔编：《宪法学参考资料》，北京大学出版社 2003 年版。

（二）译著

1. ［丹麦］格斯塔·艾斯平·安德森：《福利资本主义的三个世界》，苗正民、滕玉英译，商务印书馆 2010 年版。
2. ［法］卢梭著：《社会契约论》，何兆武译，商务印书馆 1980 年版。
3. ［德］米歇尔·斯托莱斯：《德国公法史：国家法学说和行政学》，雷勇译，法律出版社 2007 年版。

4. ［德］齐佩利乌斯：《德国国家学》，赵宏译，法律出版社 2011 年版。

5. ［德］格尔德·克莱因海尔、扬·施罗德：《九百年来德意志及欧洲法学家》，许兰译，法律出版社 2005 年版。

6. ［挪威］埃尔斯特、斯莱格斯塔德编：《宪政与民主——理性与社会变迁研究》，潘勤、谢鹏程译，生活·读书·新知三联书店 1997 年版。

7. ［美］肯尼思·W. 汤普森编：《宪法的政治理论》，张志铭译，生活·读书·新知三联店 1997 年版。

8. ［美］托马斯·雅诺斯基著：《公民与文明社会》，柯雄译，辽宁教育出版社 2000 年版。

9. ［美］L. 亨金著：《权利的时代》，吴玉章、李林译，知识出版社 1997 年版。

10. ［美］杰克·唐纳利著：《普遍人权的理论和实践》，王浦劬等译，中国社会科学出版社 2001 年版。

11. ［美］路易斯·亨金，阿尔伯特·J. 罗森塔尔编：《宪政与权利》，郑戈等译，生活·读书·新知三联书店 1996 年版。

12. ［美］罗纳德·德沃金著：《认真对待权利》，信春鹰、吴玉章译，中国大百科全书出版社 1998 年版。

13. ［意］莫诺卡·佩莱蒂编：《福利国家与接近正义》，刘俊祥等译，法律出版社 2000 年版。

14. ［丹麦］格斯塔·艾斯平·安德森编：《转变中的福利国家》，周晓亮译，重庆出版社 2003 年版。

15. ［德］奥托·迈耶：《德国行政法》，刘飞译，商务印书馆 2004 年版。

16. ［德］迪特尔·格罗塞尔：《德意志联邦共和国经济政策及实践》，晏小宝等译，上海翻译出版公司 1992 年版。

17. ［德］弗兰茨·克萨维尔·考夫曼：《社会福利国家面临的挑战》，王学东译，商务印书馆 2004 年版。

18. ［德］何梦笔主编：《德国秩序政策理论与实践文集》，庞健、冯兴元译，上海人民出版社 2000 年版。

19. ［德］黑格尔：《法哲学原理》，范扬、张企泰译，商务印书馆 1961 年版。

20. ［德］卡尔·拉伦茨：《法学方法论》，陈爱娥译，商务印书馆 2003 年版。

21. ［德］康德：《道德形而上学原理》，苗力田译，上海人民出版社 2002 年版。

22. ［德］康拉德·黑塞：《联邦德国宪法纲要》，李辉译，商务印书馆 2007 年版。

23. ［德］罗尔夫·施托贝尔：《经济宪法与经济行政法》，谢立斌译，商务印书馆 2008 年版。

24. ［德］瓦尔特·欧根：《经济政策的原则》，李道斌译，上海人民出版社 2001 年版。

25. ［法］埃米尔·涂尔干：《社会分工论》，渠东译，生活·读书·新知三联书店

2000 年版。

26. ［英］彼得·泰勒·顾柏：《重构社会公民权》，郭烁译，中国劳动社会保障出版社 2010 年版。

27. ［德］克劳斯·施莱希：《德国联邦宪法法院：地位、程序与裁判》，张立译，法律出版社 2007 年版。

28. ［德］克里斯托夫·默勒斯：《德国基本法：历史与内容》，赵真译，中国法制出版社 2014 年版。

29. ［德］乌茨·施利斯基：《经济公法》，喻文光译，法律出版社 2003 年版。

（三）论文：

1. 胡玉鸿：《法律的根本目的在于保障人的尊严》，载《法治研究》2010 年第 7 期。

2. 胡敏洁：《论社会权的可裁判性》，载《法律科学》2006 年第 5 期。

3. 陈爱娥：《平等原则作为立法形塑社会给付体系的界限——兼评"司法院大法官"相关解释》，载《宪政时代》第 32 卷第 3 期。

4. 陈剑敏：《19 世纪末德意志帝国社会保障制度的建立及原因》，载《河北大学学报》（哲学社会科学版）2005 年第 5 期。

5. 陈灿：《俾斯麦的国家实用主义路线及其评价》，载《湖北社会科学》2010 年第 4 期。

6. 陈英钤：《"自由法治国"与"社会法治国"的制度选择——评"释字"472 与 473 号"大法官会议解释"》，载《台湾本土法学杂志》第 4 期。

7. 陈新民：《国家的法治主义——英国的法治（The Rule of Law）与德国的法治国家（Der Rechtsstaat）之概念》，载《台大法学论丛》第 28 卷第 1 期。

8. 陈宜中：《国家应维护社会权吗？——评当代反社会权论者的几项看法》，载《人文及社会科学集刊》第 15 卷第 2 期。

9. ［德］V. 诺依曼：《社会国家原则与基本权利教义学》，娄宇译，载《比较法研究》2010 年第 1 期。

10. 葛克昌：《社会福利给付与租税正义》，载《台大法学论丛》第 25 卷第 2 期。

11. 龚向和：《社会权司法救济之宪政分析》，载《现代法学》2005 年第 5 期。

12. 方新军：《权利概念的历史》，载《法学研究》2007 年第 4 期。

13. 甘超英：《联邦德国宪法的基本原则》，载《中外法学》1995 年第 3 期。

14. 胡玉鸿：《平等概念的法理思考》，载《求是学刊》2008 年第 3 期。

15. 宋婕：《自由和平等，还是自由或平等——西方近代以来对自由与平等关系问题的争论》，载《西南民族大学学报·人文社科版》2003 年第 9 期。

16. 田德文：《论欧洲联盟的社会政策》，载《欧洲》2000 年第 4 期。

17. 童之伟：《宪法学社会权利分析模型的思想蕴含》，载《法律科学》1996 年第 4 期。

18. 童之伟：《再论用社会权利分析方法重构宪法学体系》，载《法学研究》1995 年第 6 期。

19. 汪华：《论"福利国家"产生的实践传统与理论渊源》，载《改革与战略》2008 年第 12 期。

20. 王立：《德沃金视野中的自由与平等》，载《法制与社会发展》2007 年第 3 期。

21. 王全在：《德国社会福利保障考察》，载《内蒙古财经学院学报》2005 年第 6 期。

22. 吴佩真：《德国社会国发展之研究》，台湾南华大学 2004 年硕士学位论文。

23. 肖金明：《政府权力重构论》，载《文史哲》1996 年第 4 期。

24. 徐振东：《社会基本权理论体系的建构》，载《法律科学》2006 年第 3 期。

25. 许兵：《英德两国近代社会保障中的行政职能》，载《新东方》2006 年 12 期。

26. 杨思斌：《英国社会保障法的历史演变及其对中国的启示》，载《中州学刊》2008 年第 3 期。

27. 袁红：《当代英国社会保障制度的宏观考察》，载《四川师范学院学报》2003 年第 1 期。

28. 曾尔恕、高仰光：《德国吕特案判决五十年来的社会影响》，载《河南省政法管理干部学院学报》2009 年第 3 期。

29. 张英：《从阿姆斯特丹条约看欧洲法院管辖权的新变化》，载《法学评论》2000 年第 5 期。

30. 李玉君、张瑞君：《全民健保法对经济弱势者医疗保障规定之评析》，载《台大法学论丛》第 36 卷第 1 期。

31. 林明锵：《行政契约法论》，载《台大法学论丛》第 24 卷第 1 期。

32. 凌维慈：《历史视角下的社会权——以日本生存权理论的发展变革为视角》，载《当代法学》2010 年第 5 期。

33. 黄舒芃：《社会权在我国"宪法"中的保障》，载《中原财经法学》第 16 期。

34. 连玉如：《"二战"以后德国"社会国家"发展问题探索》，载《德国研究》2009 年第 3 期。

35. 李孟融：《福利国家的宪法基础及其基本权利冲突之研究》，载杨日然教授纪念论文集编辑委员会：《法理学论丛——纪念杨日然教授》，月旦出版社有限公司 1997 年版。

36. 李累：《人的尊严的宪法保护》，载《法治论丛》2009 年第 4 期。

37. 郑贤君：《作为客观价值秩序的基本权——从德国法看基本权保障义务》，载《法律科学》2006 年第 2 期。

38. 叶幸真：《宪法社会国原则的实践——以现行社会救助制度作为检讨对象》，东吴大学 1999 年硕士学位论文。

39. 王信仁：《再访社会权》，台湾政治大学法律研究所 2003 年硕士学位论文。

40. 陈怡凯：《基本权之冲突——以德国法为中心》，台大法律研究所 1995 年硕士学位论文。

41. 许瑞麟：《我国社会救助法制之研究——以德国联邦救助法为借鉴对象》，中兴法研所 1999 年硕士学位论文。

42. 杨政宪：《社会基本权之研究：以德国法为借镜》，台湾大学法律学研究所 1995 年硕士学位论文。

43. 赵宏：《作为客观价值的基本权利及其问题》，载《政法论坛》2011 年第 2 期。

44. 林辉雄：《人性尊严与自由民主宪法秩序关系之研究》，中正大学法律研究所 1990 年硕士论文。

45. 林珍珍：《福利国家的道德基础：社会权与社会平等之研究》，台湾大学社会所 1992 年硕士论文。

46. 李建良：《德国基本权理论揽要——兼谈对台湾的影响》，月旦法学教室。

47. 李建良：《基本权利理论体系之构成及其思考层次》，载《人文及社会科学集刊》1997 年第 3 期。

48. 许育典：《社会国》，《月旦法学教室》2003 年第 12 期。

49. 李建良：《论社会给付法的违宪审查基准：社会国原则的实践难题》，载《违宪审查基准与社会国原则》台北司法院 2008 年研讨会。

50. 陈爱娥：《社会国的宪法委托与基本权利保障》，载吴庚大法官荣退论文集编辑委员会：《公法学与政治学理论》，元照出版社 2004 年。

51. 朱宇方：《德国"社会市场经济"反思——一个秩序政策的视角》，载《德国研究》2009 年第 4 期。

52. 龚向和：《通过司法实现宪法社会权——对各国宪法判例的透视》，载《法商研究》2005 年第 4 期。

53. 龙晟：《社会国的宪法意义》，载《环球法律评论》2010 年第 3 期。

54. 聂鑫：《宪法社会权及其司法救济——比较法的视角》，载《法律科学》2009 年第 4 期。

55. 杨欣：《德国社会救助标准确立机制中的宪法监督——以"哈茨 IV"案为例》，载《德国研究》2011 年第 3 期。

56. 张翔：《基本权利的双重属性》，载《法学研究》2005 年第 3 期。

57. 赵宏：《社会国与公民的社会基本权：基本权利在社会国下的拓展与限定》，载《比较法研究》2010 年第 5 期。

58. 赵宏：《主观权利与客观价值——基本权利在德国法中的两种面向》，载《浙江社会科学》2011 年第 3 期。

二、外文文献：

1. Alexy, Robert, *Thorie der Grundrechte*, Suhrkamp, 1994.

2. Badura, Peter, *Staatsrecht*, 2. Aufl., C. H. Beck, 1996.

3. Bleckmann, A., *Staatsrecht*Ⅱ, 4. Aufl., C. H. Verlag KG, 1997.

4. Gitter, W., *Sozialrecht*, 4. Aufl., C. H. Beck, 1996.

5. Waltermann, Raimund, *Sozialrecht*, Müller (C. F. Jur.), Heidelberg, 2012.

6. Jarass, H. D., Pieroth, B., *Grundgesetz für die Bundesrepublik Deutschland (kommentar)*, 4. Aufl., C. H. Beck, 1997.

7. Katz, A., *Staatsrecht*, 14. Aufl., C. F. Müller, 1999.

8. Maurer, H., *Allgemeines Verwaltungsrecht*, 13 Aufl., C. H. Beck, 2000.

9. Maurer, H., *Staatsrecht*, C. H. Beck, 1999.

10. Müller, J. P., *Soziale Grundrechte in der Verfassng?*, 2. Aufl., 11. Helbing & Lichtenhahn Verlag AG, 1981.

12. Rinck, G., Schwark, E., *Wirtschaftsrecht*, 6. Aufl., C. H. Verlag KG, 1986.

13. Schlaich, K., *Das Bundesverfassungsgericht*, 3. Aufl., C. H. Beck, 1994.

14. Tipke, K., Lang, J., *Steuerrecht*, 16. Aufl., O. Schmidt, 1998.

15. Wolff, H. J., Bachof, O., Stober, R., *Verwaltungsrecht* Ⅰ, 11. Aufl., C. H. Beck, 1999.

16. Böckenförd, E. W., "Grundrechtstheorie und Grundrechtsinterpretation", in *NJW*, 1974.

17. Friauf, K. H., "Staatshaushalt", in Isensee, J., Kirchhof, P. (Hrsg.), *Handbuch des Staatsrechts der Bundesrepublik Deutschland*, Band Ⅳ, § 89, C. F. Müller, 1990.

18. Friauf, K. H., "Staatskredit", in Isensee, J., Kirchhof, P. (Hrsg.), *Handbuch des Staatsrechts der Bundesrepublik Deutschland*, Band Ⅳ, § 93, C. F. Müller, 1990.

19. Murswiek, D., "Grundrechte als Teilhaberechte, soziale Grundrechte", in Isensee, J., Kirchhof, P. (Hrsg.), *Handbuch des Staatsrechts der Bundesrepublik Deutschland*, Band Ⅴ, § 112, C. F. Müller, 1992.

20. Ossenbühl, F., "Die Interpretation der Grundrechte in der Rechtsprechung des Bundeserfassungsgerichts", in *NJW* 1976.

21. Ruland, F., "Sozialrecht", in E. Schmidt – Aβmann (Hrsg.), *Besonderes Verwaltungsrecht*, 11. Aufl., Walter de Gruyter, 1999.

22. Starck, C., "Grundrechtliche Schutzpflichten", in ders *Praxis der Verfassungsauslegung*, Nomos Verlagsgesellschaft, 1994.

23. Starck, C., "ber Auslegung und Wirkungen der Grundrechte", in ders *Praxis der Verfassungsauslegung*, Nomos Verlagsgesellschaft, 1994.

24. Zacher, Hans F., "Soziale Grundrechte und Teilhaberechte", in *Menschenrechte* 2: *Ihre Geltung heute*, Colloquiun-Verlag, 1982.

25. Zacher Hans F., Entschädigungslose Enteignung von Verkehrsflächen, *Bayerische Verwaltungsblätter* n. F., 2. Jhg. (1956).

26. Zacher Hans F., Struktur und Stellung des Bayerischen Senats, *BayerischeVerwaltungsblätter*, n. F. 3. Jhg. (1957) S. 369 ff; 4. Jhg. (1958).

27. Nipperdey Hans Carl, Hueck Alfred,, Tophoven Ernst, *Tarifvertragsgesetz*, 3. Aufl., München/Berlin 1955.

28. AbendrothWolfgang, Diskussionsbeitragzu "Gegenwartsfragensozialer Versicherung" in *Gegenwartsfragen sozialerVersicherung*, hrsg. v. Walter Bogs, Heidelberg 1950.

29. Abendroth Wolfgang, Zum Begriff des demokratischen und sozialen Rechtsstaats imGrundgesetz der Bundesrepublik Deutschland, in *AusGeschichte und Politik Festschrift für Ludwig Bergstraesse*r, Düsseldorf 1954.

30. Abendroth Wolfgang, Diskussionsbeitrag zu "Begriff und Wesen des sozialen Rechtsstaates", *VVDStRL* Heft 12, 1954, S. 85 ff.

31. Bahof Otto, "Begriff und Wesen des sozialen Rechtsstaates", *VVDStRL*, Heft 12, 1954, S. 37 ff, 121 ff.

32. Bahof Otto, Diskussionsbeitrag zu "Verwaltung und Verwaltungsrechtsprechung", *VVDStRL* Heft 14, 1956, S. 176 ff.

33. Boeckenfoerde Ernst-Wolf gang, *Gesetz und gesetzgebendeGewalt*, Berlin, 1958.

34. Boeckenfoerde Werner, *Der allgemeine Gleichheitssatz unddie Aufgabe des Richters*, Berlin, 1957.

35. Dürig Günter, *Die Menschenauffassung des Grundgesetzes*, JR 1952, S. 259 ff.

36. Hesse Konrad, *Der Gleichheitsgrundsatz im Staatsrecht*, AöRBd. 77, 1951, S. 167 ff.